चित्रांगदाको आँसु

के मणिपुर जलिरहेको छ?

Translated to Nepali from the English version of
Tears of Chitrangada

देवजित भुइँ

Ukiyoto Publishing

सबै विश्वव्यापी प्रकाशन अधिकार द्वारा आयोजित छन्

Ukiyoto प्रकाशन

2025 मा प्रकाशित

सामग्री प्रतिलिपि अधिकार © देवजित भुयान

ISBN 9789370097995

सबै अधिकार सुरक्षित।

यस प्रकाशनको कुनै पनि अंश प्रकाशकको पूर्व अनुमति बिना कुनै पनि माध्यमबाट, इलेक्ट्रोनिक, मेकानिकल, फोटोकपी, रेकर्डिङ वा अन्यथा पुनः उत्पादन, प्रसारण, वा पुनः प्राप्ति प्रणालीमा भण्डारण गर्न सकिँदैन।

लेखकको नैतिक अधिकारलाई जोड दिइएको छ।

यो पुस्तक व्यापार वा अन्यथा, प्रकाशकको पूर्व स्वीकृति बिना, बाइन्डिङ वा कभरको कुनै पनि रूपमा यो जसमा छ त्यो बाहेक, उधारो, पुनः बिक्री, भाडामा वा अन्यथा वितरण गरिने छैन भनी सर्तमा यो पुस्तक बेचिन्छ। प्रकाशित।

www.ukiyoto.com

यो पुस्तक मणिपुर र अन्य सात उत्तरपूर्वी राज्यहरूका सबै शान्ति-प्रेमी मानिसहरूलाई समर्पित छ जो मणिपुरमा चाँडोभन्दा चाँडो शान्ति र भ्रातृत्व फर्कोस् भन्ने चाहन्छन्।

- **देवजित भुइँ**

प्रस्तावना

भारतको उत्तरपूर्वी भागमा अवस्थित मणिपुर राज्य भारतीय संस्कृति, सभ्यता र राजनीतिको अभिन्न अंग हो। महाकाव्य महाभारतमा मणिपुरको उल्लेख छ, जब पाण्डव आफ्नो निर्वासनमा भारतको यस भागमा आएका थिए र अर्जुनले मणिपुरकी राजकुमार चित्रांगदासँग विवाह गरे। पछि, जब पाण्डवले युधिष्ठिरलाई भारतको सम्राट घोषणा गर्न शर्म यज्ञ गर्ने निर्णय गरे, यज्ञको घोडालाई चित्रांगदा र अर्जुनका छोरा बब्रुवाहनले कैद गरे। मूलतः, मणिपुरका मानिसहरू शान्तिप्रेमी, सांस्कृतिक रूपमा उन्नत मानिसहरू हुन्। मणिपुरी नृत्य भारतको शास्त्रीय नृत्य मध्ये एक हो र धेरै लोकप्रिय छ। तर पछिल्ला केही वर्षदेखि मणिपुर जातीय द्वन्द्वको सामना गरिरहेको छ र जलिरहेको छ। धेरैले आफ्नो जीवन र सम्पत्ति गुमाए र आफ्नै मातृभूमिमा घरबारविहीन भए। मणिपुरमा स्थायी शान्ति र शान्तिको लागि कसैले ठोस काम गरिरहेको छैन। देशको अन्य भागमा बसोबास गर्ने भारतका जनता मणिपुरको पीडाप्रति गम्भीर छैनन्। चित्रांगदाको आँसु मेरो मानसिक पीडा र मणिपुरका जनताको पीडाको प्रतिबिम्ब हो। आशा छ चाँडै मणिपुरी जनताको पीडा हट्नेछ र मणिपुरले भाइचारा, शान्ति र प्रगति देख्नेछ।

सामग्री

1. चित्रांगदा को आँसु — 1
2. चित्रांगदा, मणिपुर, भारतकी रानी — 2
3. एउटै रूखका हाँगाहरू — 3
4. जहाँ मानवता गाडिएको छ — 4
5. हामीलाई चिन्ता छैन, छिमेकीलाई मर्न दिनुहोस् — 5
6. घाउ गहिरो हुँदैछ — 6
7. उलुपी चुप छ — 7
8. अधिकारीहरूले शान्ति लागू गर्न सक्दैनन् — 8
9. राजनीतिज्ञहरू — 9
10. राजधानी देखि टाढा — 10
11. मानव डीएनए चाँडै परिवर्तन हुनेछैन — 11
12. 2024 भारतीय चुनाव, विजेता EVM हो — 12
13. भारतको निर्वाचन आयोग सर्वश्रेष्ठ छ — 13
14. हे प्रतिपक्ष, प्रिय प्रतिपक्ष — 14
15. नदीको किनारमा असमिया सेलिब्रेटी बेपत्ता — 15
16. 2084, एक पटक दुई पटक टोके लाज — 16
17. वर्षको जुन 30th आधा बेवास्ता भएको छ — 18
18. भारतीय बजेट — 19
19. भारतमा स्मार्ट सिटी गुवाहाटी — 20
20. धर्मको सीमाना बाहिर — 21
21. म मेरो DNA बाहेक केही होइन — 22
22. उमेरले फरक पार्छ — 23
23. हामी बूढो हुँदै जान्छौं — 24
24. अन्तिम बिहान — 25

25. बाहिर हेर्नुहोस्	26
26. तपाईं औसत भन्दा माथि हुनुहुन्छ	27
27. जिज्ञासा राम्रो छ	28
28. वृद्ध मानिस र जवान केटा	29
२९. भर्जिनिटी टेस्ट	30
30. एक्लै म सानो फ्राइ हुँ	31
31. समय थियो, छ, कहिल्यै खराब हुनेछैन	32
32. जीवन रक्षा मुख्य रूपमा छ	33
33. खतरनाक संक्रमण	34
34. घरपालुवा कुकुर	35
35. महान भारतीय सपना	36
36. धर्म अफिम कि रक्सी?	37
37. बिना कारण आफ्नै नायक बन्नुहोस्	38
38. शत्रुतापूर्ण समुद्रमा यात्रा गर्दै	39
39. एक दिन हामी सँगै गाउनेछौं	40
40. सीमाविहीन मरुभूमिमा	41
41. म विलासिता वहन गर्न सक्दिन	42
42. ट्रम्पको विजय	43
४३. सत्यको विजयको उत्सव मनाऔं	44
44. खुसी हुनुहोस्	45
45. आउँदै र जाँदै	46
46. के खुशी तपाईको मात्र लक्ष्य हो?	47
47. संसार अहिले बजार छ	48
48. केहि फरक प्रयास गर्नुहोस्	49
49. तपाईं खर्च गर्न सक्नुहुन्छ तर मलाई छैन	50
50. खुशी मात्र पर्याप्त छैन	51

51. जब तपाईं धेरै दयालु हुनुहुन्छ	52
52. अन्धकारमा	53
53. कुनै पनि कुराले सत्यलाई उखेल्न सक्दैन	54
54. तपाईं सुन्दर हुनुहुन्छ	55
55. कुनै पनि लाभ बिना कोही रुने छैन	56
56. लोभ बनाम आवश्यकता	57
57. साठी प्लस मा	58
58. केहि फरक पर्दैन	59
59. रावण	60
60. ग्रामीण इलाका	61
61. परीक्षण स्वचालन	62
62. तपाईं औसत भन्दा माथि हुनुहुन्छ?	63
63. वृद्ध मानिस र जवान केटा	64
64. तिनीहरूले गल्ती पछि गल्ती गरे	65
65. भगवानलाई धन्यवाद	66
66. मेरो शुक्राणु, मेरो प्रेरक	67
67. कसैले तपाईंको बेपत्ता पार्नेछैन	68
68. एक्लै म सानो फ्राइ हुँ	69
69. समय थियो, छ, कहिल्यै खराब हुनेछैन	70
70. मलाई यो बाटो कसैले जबरजस्ती गरेको छैन	71
71. Jigsaw Puzzle मा फिट गर्नुहोस्	72
72. दुखाइको अभिव्यक्ति	73
73. आज समय हो	74
74. अनौठो प्रेम	75
75. प्राकृतिक न्याय	76
76. प्रकृति मेला हो	77

77. जीवन एक पचास पचास खेल हो	78
78. यदि तपाई सोच्चुहुन्छ कि तपाई अमर हुनुहुन्छ, तपाई सहि हुनुहुन्छ	79
79. रिलेक्स र कल्पना गर्नुहोस्	80
80. हामी किन बाँचेका छौं	81
81. के तपाईलाई 60 मा आफ्नो शक्ति थाहा छ?	82
82. सजिलो र कठिन	83
83. जब हामी बच्चा थियौं	84
84. शान्तिको गर्जन	85
85. अझै पनि एक विभाजनकारी शक्ति	86
86. सपना	87
87. यात्राको समयमा सबैलाई बेवास्ता गर्नुहोस्	88
88. मेरो सबैभन्दा राम्रो साथी	89
89. जीवन कठिन छ	90
90. भारतीय हजुरबा हजुरआमा	91
91. मानिसहरूलाई मूर्ख बनाउन सजिलो छ	92
92. उत्सव मनाऔं	93
93. जीवन छोटो छ, आज छोटो छ	94
94. सबैले मूल्य तिर्नेछ	95
95. चित्रांगदा, रानी मात्र होइन	96
लेखकको बारेमा	97

देवजित भुइँ

1. चित्रांगदा को आँसु

चित्रांगदा, अब नरोऊ
तिमी राजकुमारी मात्र थिएनौ
तिमी भारतको बहादुर नारी हौ
बब्रुवाहनाकी आमा
जब शक्तिशाली पाण्डवहरूलाई कसैले रोक्ने आँट गरेनन्
घोडालाई रोक्ने तिम्रो छोरा मात्रै हो
तिम्रो सहमति बिना लज्जित यज्ञ असम्भव थियो
इतिहास फरक हुन्थ्यो
र तिम्रो प्यारो राज्य अहिले उथलपुथलमा छ
नरोऊ माटोकी छोरी
नयाँ बब्रुवाहनालाई जन्म देउ इज्जत जोगाउन
नत्र इतिहासले अर्कै कथा लेख्नेछ
महाभारतका योद्धाहरू जो एक पटक पराजित भए
कुनै ठोस कारबाही नगरी अचम्म लागेर मौन छन्
वा तिनीहरू घोडा बचाउन इच्छुक छैनन्
किनभने नयाँ भारतमा, बहादुरी अब बल रहेन।

2. चित्रांगदा, मणिपुर, भारतकी रानी

पाँच पाण्डवहरू भरतभर घुमिरहेका थिए

र एक समयमा रानीको राज्य सुन्दर मणिपुर पुगे

मणिपुरकी राजकुमारी चित्रांगदा अर्जुनसँग प्रेममा परे र उनीसँग विवाह गरिन्

उनलाई मणिपुर दरबारमा छोडेर पाण्डवहरू आफ्नो राज्य दाबी गर्न फर्के

कुरुक्षेत्रमा महाभारतको युद्ध जितेर पाण्डवहरूले यज्ञ गर्ने निर्णय गरे

लज्जित यज्ञको लागि, सजाइएको घोडा अर्जुनसँग भारतभर यात्रा गर्दछ

महाभारतका सेनापतिको साथमा रहेको घोडालाई कसैले रोक्ने आँट गरेनन्

तर मणिपुरका एक युवकले घोडा रोकेर अर्जुनलाई हराए

युवा राजकुमार बब्रुवाहन अरु कोहि नभएर अर्जुनका आफ्नै छोरा थिए

अर्जुनको मिलन, चित्रांगदा र तिनीहरूको एक मात्र छोरा मणिपुरमा भयो

भारतको यस भागको शास्त्रीय नृत्यहरू राम्ररी देखाउँछन्, अर्जुनको चक्कर

तर अहिले चित्रांगदाको सुन्दर भूमि जातीय द्वन्द्वमा जलिरहेको छ

लड्ने जनसमुदायका बीचमा जलाउने र मार्ने घटना ठूलै मात्रामा भइरहेका छन्

शान्ति, भ्रातृत्व र शान्ति तुरुन्तै फर्किनु पर्छ

नत्र चित्रांगदाको महिमा जनताको मनबाट बिस्तारै हट्नेछ ।

3. एउटै रूखका हाँगाहरू

असमिया, नागा, कुकी, मणिपुरी एउटै रूखका हाँगाहरू
हजारौं वर्षसम्म तिनीहरू सँगै बसे र स्वतन्त्र जन्मिए
विभाजन र घृणाको विष कसले मिसाएको छ, कसैलाई थाहा छैन
एकात्मक संस्कृति र भाइचाराको धारा अझै पनि बगिरहेको छ
विभाजन राजनीतिक शक्ति र धार्मिक स्वार्थका लागि हो
शान्तिको बाटोमा लागुऔषध कारोबारीहरु पनि बाधक हुन्
लागुऔषधको पैसा र बन्दुक संस्कृतिले सधैं हिंसालाई उक्साउँछ
समाजमा अस्तव्यस्तताले जनताको हितको एउटा पक्ष मात्र हो
पैसाको नशामा आम मानिस कठपुतली बने
जनताका लागि बिस्तारै अफिम र लागू पदार्थ स्वादिलो मह बन्छ
मणिपुरको समाज अहिले बन्दुक, लागू पदार्थ, रक्सी, तस्करको दास बनेको छ
मणिपुरमा बस्ने सबैले गल्ती गरिरहेका छन्
शान्ति, भ्रातृत्व र मानवतालाई फेरि केन्द्रविन्दु बनोस्
मणिपुरको हराएको महिमा र यसको सांस्कृतिक लोकाचार जनताले पुनः प्राप्त गर्नुपर्दछ।

4. जहाँ मानवता गाडिएको छ

पागल मानिसहरूको समूहले मानवताको हत्या गरेको छ
मणिपुरको सामाजिक संरचना खस्कदै गइरहेको छ
जातीय विभाजनका कारण शान्तिको बाटो सरल छैन
निर्दोष मानिसलाई जिउँदै जलाउनु साँच्चै भयानक छ
जनताले समस्याको कारणलाई किन उखेल्न सक्दैनन् ?
एक्काइसौं शताब्दीमा पनि मानिसहरू आदिम व्यवहार गरिरहेका छन्
उनीहरुको मानसिकता किन सामन्तवाद र विनाशकारी छ ?
राजनीतिज्ञ, विचार निर्माता, सामाजिक नेता मौन छन्
हरेक दिन दिमाग बिनाको भीड जीवन्त हुन्छ
साँस्कृतिक सम्पदाको भूमि गुण्डाहरुको कब्जामा छ
निहित स्वार्थी राजनीतिज्ञहरूले आगोमा इन्धन थपेका छन्
शान्तिका लागि आम जनता बाहिर निस्किनुपर्ने बेला यही हो
अन्यथा, चित्रांगदाको मणिपुरी दौडमा गहिरो कटौती हुनेछ।

5. हामीलाई चिन्ता छैन, छिमेकीलाई मर्न दिनुहोस्

हाम्रा छिमेकीहरूले दुःख पाए पनि हामीलाई चिन्ता छैन

हाम्रा सँगी साथीहरू रोएको सुनेर हाम्रो उत्सव कहिल्यै रोकिएन

मणिपुरमा बसोबास गर्ने जनताको पीडा र पीडा हामीले कसरी महसुस गर्न सक्छौं?

मानवताभन्दा पनि निहित स्वार्थ केन्द्रित हुँदै गएको छ

यही कारणले जनताले एकता देखाउँदैनन्

हाम्रो वरपरको कानून र व्यवस्था र जंगल नियमहरूको कुल भंग

यी कुराहरू नागाल्याण्ड वा असममा हुने छैनन् भनेर कसैले ग्यारेन्टी दिन सक्दैन

नली हत्याकाण्डका कालो दिन अझै पनि स्मृतिमा जीवित छन्

मणिपुरमा पचास वर्षको इतिहास दोहोरिएपछि हामी मौन छौं

उत्तरपूर्वी मानिसहरूको शवहरू माथि जीवन्त हुन चाहन्छन्

गुवाहाटी, शिलङ र दिमापुर जल्न थालेपछि को रुन्छ ?

AI को दिनहरूमा, हामी सबै सफ्टवेयरको सेवक हौं र कहिल्यै प्रतिक्रिया दिदैनौं

जबसम्म कसैले हामीलाई जीवन बचाउन आफैलाई सोच्न निर्देशन दिँदैन

हामीले आदिम जनजातिहरू जस्तै समुदायलाई लड्न अनुमति दिइरहेका छौं

तर तस्बिर कहिले सम्म चल्ने हो, हामी मिलेर प्रोजेक्टरलाई नष्ट गरौं।

6. घाउ गहिरो हुँदैछ

सानो घाउ अब भाँचिएको मात्र होइन

यो बिस्तारै कपडा र सम्पूर्ण संरचना हल्लिएको छ

डाक्टरहरूले सीटी स्क्यान बिना नै निको पार्न एन्टिबायोटिक प्रयोग गरिरहेका छन्

एक दिन सानो घाउ ग्याङ्ग्रीनमा परिणत हुन सक्छ

सर्जिकल इम्प्युटेशन गर्न को लागी कुनै विकल्प हुनेछैन

डाक्टरहरूले किन प्लास्टरिङ समाधानको प्रयास गर्दैनन्?

परिवार र साथीहरू सबै भविष्यको लागि डराउँछन्

जहाँ मानिसहरूले चिन्ता र चेतना गुमाएका छन् उपचार दुर्लभ छ

सामूहिक भावनाको मृत्यु समाजका लागि लज्जास्पद र अनुचित हो

मूल कारण खोज्ने बोझ समाजले साझा गर्नुपर्छ

नत्र हाम्रो आँखा अगाडि एक गौरवशाली राष्ट्रियता असहाय मर्नेछ

अनि काँडा जित्नका लागि कोही मानिसहरू निर्लज्जतापूर्वक मनाइरहनेछन्।

7. उलुपी चुप छ

चित्रांगदाको आँसु देखेर उलुपी चुप छिन्

हिरिम्बा हाइबरनेशनमा छ र त्यसैले प्रतिक्रिया दिइरहेको छैन

राजा भागदत्त युद्धमा सामेल हुन आफ्नै सेना लिएर व्यस्त छन्

घटोत्कच अब आफ्नो जादुई शक्ति बिना छ

त्यसैले चित्रांगदाको आँसु झरना जस्तै झर्दैछ

सयौंको मृत्युपछि उनलाई सान्त्वना दिन कोही छैन

घरहरू जङ्गली झाडीझैँ कुरूपहरूले जलाइएका छन्

चित्रांगदा असहाय छ, अर्जुनबाट कुनै सन्देश छैन

कोही युधिष्ठिरलाई सन्देश दिन तयार छैनन्

कसरी न्याय पाउँछिन्, अन्धोमा बाँधिएझैँ अनभिज्ञ छिन्

उनी अहिले अन्धा राजाकी पत्नी गान्धारीजस्तै नयाँ अवतारमा छिन्

शोकमा परेका रुदाली उनीसँगै रोएर गीत गाउन बाहिर पर्खिरहेका छन् ।

8. अधिकारीहरूले शान्ति लागू गर्न सक्दैनन्

तथाकथित अधिकारीहरूले कर्फ्यू लगाए
उनीहरुले बाटोमा देखेमा गोली हान्न आदेश दिए
सशस्त्र बल सेनालाई विशेष अधिकार दिइएको छ
तर, हिंसा र हत्याका घटनाहरू निरन्तर भइरहेका छन्
जब दुवै विवादित पक्षसँग बन्दुक र समर्थन छ
कसैले बाहिरबाट, शान्ति, कसरी आयात गर्न सक्छ
टेबलमा बसेर खुलेर कुरा गर्नु मात्र समाधान हो
समाधान तर्फ चाहिने बाटो बिस्तारै देखिनेछ
चन्द्रमाले कालो बादललाई ध्यान नदिई हेरिहाल्छ
भोलिपल्ट बिहान घाम उदाएपछि सबै रमाइलो हुनेछन्
समयसँगै घृणा र वैमनस्य हराएर जानेछ
पार्टीहरूद्वारा तातोबाट स्वतन्त्र रूपमा कुरा गर्दा मात्र समाधान राम्रो हुन सक्छ।

9. राजनीतिज्ञहरू

मणिपुरका राजनीतिज्ञहरू अनौठो व्यवहार गरिरहेका छन्

सबैले पार्टी लाइन र विचारधारा अनुसार प्रतिक्रिया दिइरहेका छन्

कतिपयले रंगीन गिलासबाट सबै कुरा हेर्छन्

साँच्चै अनौठो छ सबै राजनीतिज्ञ र राजनीतिक वर्ग

जनताको जीवन र सम्पत्ति जोगाउन कसैलाई वास्तवमै चिन्ता छैन

मानिसहरू अलमलमा छन् कि तिनीहरूले कसलाई भरोसा गर्ने र भरोसा गर्नुपर्छ

आफ्नै नेताहरू अहिले बालुवामुनि टाउको हाल्ने शुतुरमुर्गजस्ता छन्

कोही समस्या पानी माथि किंगफिसर जस्तै उडिरहेका छन्, शिकार खोज्न

आम मानिसहरु दिशाहीन छन्, जीवन बचाउन दौडिरहेका छन्

धेरै साहसी मानिसहरूले पहिले नै आफ्नो प्यारी पत्नी गुमाइसकेका छन्

अर्थतन्त्र र समाजमा अनिश्चितता ठूलो छ

एक्काइसौं शताब्दीमा पनि मानिसहरु बर्बर मानसिकतामा छन् ।

10. राजधानी देखि टाढा

दिल्ली टाढा छ, उत्तर-पूर्वको प्रवेशद्वार पनि टाढा छ

टाढाबाट, कसैले मणिपुरको पीडा महसुस गर्न सक्दैन

हरेक रात महिला र केटाकेटीहरू बिहानसम्म निद्रा नलागेर पर्खन्छन्

अतिवादीहरू कहिले आएर आगो लगाउँछन्, कसैलाई थाहा हुँदैन

जो कि वहन गर्न सक्नेहरू पहिले नै राजधानीको लागि घर छोडेका छन्

आफ्नो प्यारो गाउँ र पुर्खाको घर छोडेर

केटाकेटीलाई कहिले विद्यालय फर्कने हो थाहा छैन

आम नागरिक र जनता कहिले सम्म चुपचाप बस्ने ?

मुर्ख बनाउन खोज्ने राजनीतिज्ञहरु विरुद्ध उनीहरुको धैर्यताको टुक्रा फुटेको छ

यसरी राष्ट्रको कुनै पनि राज्य वा सरकारले शासन गर्नु हुँदैन

पृथकताले युवाहरूलाई हतियार लिन प्रोत्साहित गर्नेछ

मामिलाको नेतृत्वमा रहेका मानिसहरूले गुण्डाहरूलाई सर्तमा ल्याउनु पर्छ।

11. मानव डीएनए चाँडै परिवर्तन हुनेछैन

विश्वयुद्ध र कोभिड १९ ले मानव मानसिकता परिवर्तन गर्न सकेन

कुनै पनि कुराले चतुर दिमागहरू परिवर्तन गर्न सक्दैन म मात्र शर्त लगाउन सक्छु

अब के भयो भनेर कसैलाई चिन्ता छैन

सबथोक गुमाउने मान्छेले पहिले नै बिर्सिसकेका छन्

दौडमा फिटेस्ट मात्र बाँच्ने सबैलाई थाहा छ

युद्ध र महामारी साना खाल्डाहरू मात्र हुन्

बाँच्नको खेलमा सबैले फरक-फरक बल खेल्छन्

तथाकथित पवित्र शास्त्रहरूले पनि मनोवृत्ति परिवर्तन गर्न असफल भयो

बरु अपराध र विनाशले अक्षांश र देशान्तर बढायो

मानव डीएनए परिवर्तन हुनेछ भन्ने आशामा फल्समा नबस्नुहोस्

मानव जातिको विनाश बिना, अब भगवानले पनि व्यवस्थापन गर्न सक्नुहुन्न।

12. 2024 भारतीय चुनाव, विजेता EVM हो

इभिएमले कहिल्यै चुनाव लडेको छैन

तिनीहरू गणनाका लागि मेसिनहरू मात्र हुन्

स्वतन्त्र र निष्पक्ष चुनावको लागि, तिनीहरू मात्र समाधान हुन्

तर मानिसहरूले उनीहरूको योगदानलाई नष्ट गर्न खोजे

अन्ततः, EVM साबित भयो, तिनीहरूको निर्माणको पूर्ण प्रमाण

कुनै पनि ह्याकरले संचार बिना ह्याक गर्न सक्दैन

EVM को निष्ठा शंका भन्दा बाहिर साबित भयो

चौबीसको चुनावमा इभिएमको स्पष्ट जित हो

ईवीएमको निष्पक्षतामा कट्टर विरोधीहरूले पनि आत्मसमर्पण गर्छन्

चुनाव स्वचालनमा, भारत बाटो खोज्ने हो।

13. भारतको निर्वाचन आयोग सर्वश्रेष्ठ छ

पूर्व वा पश्चिम, चुनाव सञ्चालन गर्दा ECI राम्रो छ

ECI को आलोचनाहरू अब हाइबरनेट र आराम गर्नुपर्छ

युरोप, अफ्रिका र अमेरिकाले भारतीय ईवीएम आयात गर्नुपर्छ

कार्बन घटाउनको लागि, यसले तिनीहरूलाई समाधान दिनेछ

हाम्रो चुनावको आलोचना गर्ने नैतिक वा कुनै अधिकार कसैलाई छैन

निहित स्वार्थ लिएर उनीहरुले आशंका पैदा गर्न खोजे

ECI ले कथित तटस्थ पश्चिमी मिडियालाई थप्पड दियो

भारतीय मतदाताको परिपक्कताको बारेमा, उनीहरूलाई कुनै कल्पना छैन

भविष्यमा अमेरिका र युरोपले आफ्नो मुख बन्द राख्नुपर्छ

नत्र उनीहरुको कपट विरुद्ध भारतीय जनताको आक्रोश फट्नेछ ।

14. हे प्रतिपक्ष, प्रिय प्रतिपक्ष

जनताको निर्णयलाई नम्रताका साथ स्वीकार गर्नुहोस्

तिमीसँग अझै चौत्तीसमा मौका छ, यदि उनतीस होइन

अब ताशको खेल उनतीस खेल्दा राम्रो हुनेछ

दुर्गम गाउँहरूमा रूखहरू मुनि आराम गर्नुहोस् र कार्ड फेरबदल गर्नुहोस्

नत्र २९ मा पनि जित्न निकै कठिन हुन सक्छ

चौत्तीस वर्षमा, मोदी तपाईंलाई चुनौती दिन त्यहाँ नहुन सक्छ

तपाईको टोलीमा पनि पुराना नेताहरू थोरै हुनेछन्

अब उनतीस बजाएर सुपारी चपाउनुपर्छ

आफ्नो दृष्टिकोणको बारेमा ग्रामीण र ग्रामीण इलाकाका मानिसहरूलाई बताउनुहोस्

शिक्षाविहीन किसानले पनि नयाँ आइडिया दिन सक्छन् ।

15. नदीको किनारमा असमिया सेलिब्रेटी बेपत्ता

पौडी जान नदिई, यदि तपाईं हराइरहेको छ भने
तपाईलाई खोज्ने र फेला पार्ने एउटै समाधान भनेको माछा मार्नु हो
सेलिब्रेटी होस् या नहोस्, नदीलाई मतलब हुँदैन
त्यसैले शक्तिशाली नदीको नजिक जानु उचित होइन
ब्रह्मपुत्र नदीको प्रवाह दुर्लभ छ
पौडी जान्ने भए पनि सबैले ब्रह्मपुत्र पार गर्न सक्दैनन्
त्यसैले खुट्टा सफा गर्न खोलाको पानी छुनबाट टाढा रहनु राम्रो हुन्छ
मृत्यु वारेन्टको साथ कुनै पनि क्षण, यमले अभिवादन गर्न सक्छ
असी पछि केटाकेटीसँग झगडा गर्नुको कुनै अर्थ छैन
बरु सामुदायिक बगैंचामा आकाश हेर्दै एक्लै बस्नुहोस्
यदि तपाइँ जारी राख्न चाहनुहुन्न भने तपाइँ आफ्नै मर्ने निर्णय गर्नुहुन्छ
अवशेषको रूपमा टेबलमा कम्तिमा एक लाइन नोट छोड्नुहोस्
सन्तान तथा आफन्तजनमा थोरै तनाव रहनेछ
प्रहरी र मिडियाले अनावश्यक अड्कलबाजी गर्न पाउने छैनन्।

16. 2084, एक पटक दुई पटक टोके लाज

क्याम्ब्रिज, अक्सफोर्ड र हार्वर्ड जलाइनेछन्

नालन्द विश्वविद्यालयको इतिहास फेरि दोहोरिनेछ

कसैले एक शब्द पनि बोल्ने छैन, पुस्तकालयहरूको संरक्षण गर्ने छैन

किनभने तिनीहरूसँग क्रूर बहुमत र आणविक बटनहरूको नियन्त्रण हुनेछ

उनीहरूको पवित्र पुस्तकमा क्याम्ब्रिज र अक्सफोर्डको बारेमा कुनै उल्लेख छैन

सबै अविश्वासीहरूलाई सम्मान र सम्मानका साथ बाँच्ने अधिकार छैन

क्लबहरू गायब हुनेछन्, र पेरिसका सडकहरू कालो कोडद्वारा शासन गरिनेछ

कस्तो अनौठो संसार, परस र गान्धरबाट सुरु भयो संसारलाई घेर्दै

विश्वका जनताले सहिष्णुताको ठूलो मूल्य चुकाउनु पर्नेछ

अब जब नजिकका र प्रियजनहरू न्याप हुन्छन्, तिनीहरू रोएर मात्र विरोध गर्न सक्दैनन्

जब काफिरहरूलाई ढुङ्गाले हानेर मारिन्छ, लाखौं खुशीले कराउँछन्

कतिपय गल्तीहरू भविष्यमा सच्याउन सकिंदैन तर भोग्नु पर्ने हुन्छ

सन् १९८४ मा जनताले साँढेलाई सिङ्ग लगाएको भए कुरा अर्कै हुन्थ्यो

तर अब धेरै ढिलो भइसकेको छ, पेरिस, लन्डन, कोपेनहेगन खरानीमा परेका छन्

एक पटक क्याम्ब्रिज, अक्सफोर्डको आगो निभ्यो, त्यहाँ अँध्यारो सभ्यता हुनेछ

अब समय हो इजरायललाई बचाउने, मानवतालाई अन्धकारबाट बचाउने

निर्दोष इजरायलीहरूलाई मार्ने अर्को ठूलो अपराध गर्नु अघि आफ्नो आवाज उठाउनुहोस्।

17. वर्षको जुन 30th आधा बेवास्ता भएको छ

चौबीस चौबीस वर्षको आधा बितेको छैन

गत छ महिनामा तपाईंले के उल्लेखनीय उपलब्धि हासिल गर्नुभयो सम्झन प्रयास गर्नुहोस्

पचास प्रतिशत बितिसक्दा पनि आफ्नो समय र कामको ख्याल गर्नुभएन भने

तपाईंले बितेको समयको गति र यसको प्रवाहलाई कहिल्यै महसुस गर्नुहुने छैन

मृत्युको समय सत्य नभएसम्म समय अविरल आउँछ

तर जबसम्म तपाईं अनुशासित हुनुहुन्न, समय कसरी बित्यो, तपाईंलाई केही थाहा छैन

समयको अर्धवार्षिक ब्यालेन्स पाना तयार गर्न जुलाई सबैभन्दा राम्रो समय हो
तपाईंको लागि दुरुपयोग र समय बर्बाद नगरेसम्म सामान्य र ठीक छ
वर्षभरिको आफ्नो कार्यशैलीको लागि भगवान वा कसैसँग गुनासो नगर्नुहोस्

डिसेम्बर आउँदा तिम्रो आँसु पुछ्ने कोही हुदैन

त्यसोभए, आफ्नो योजना र तालिका बनाउनुहोस्, वर्षको अन्त्य सम्म शीर्ष गियरमा चलाउनुहोस्

सम्झनुहोस्, चेतावनी संकेतहरू, जुन महिना, तपाईंले पठाउनुभएको सावधानीका लागि।

18. भारतीय बजेट

भारतीय बजेट शब्दको ठट्टा बाहेक केही होइन

बजेट भनेको मनसुनको जुवा बाहेक केही होइन

भारतीय बजेट लक्ष्यविनाको होहल्लाको स्रोत हो

बजेटपछि मिडियाको वास्तविक भूमिका हुन्छ

राजनीतिज्ञहरुको झगडा संसदमा लक्ष्य र दिशा कम हुन्छ

मध्यम वर्ग सधैं आशा गर्दछ, अर्को वर्ष तिनीहरूको आशीर्वाद हुनेछ

गरीब जनताले मानक कटौती के हो बुझ्दैनन्

तलब पाउने व्यक्तिहरूको लागि, गाजर देखाउनु सजिलो समाधान हो

हरेक वर्ष मनसुन जस्तै बजेट आउँछ, बजेट जान्छ

गरिब जनता अझै पनि नि:शुल्क राशनको छायामा भर पर्न बाध्य छन् ।

19. भारतमा स्मार्ट सिटी गुवाहाटी

गुवाहाटी उत्तर-पूर्वी भारतको प्रवेशद्वार हो
गुवाहाटीलाई स्मार्ट सिटी बनाउनु राम्रो विचार थियो
पूर्व हेर, पूर्व कार्य नीति अझै सञ्चालनमा छ
तर गुवाहाटीका समस्याको समाधान भने देखिएन
वातावरणीय ह्रास र प्रदूषण मात्र थपिएको छ;
पानी परेपछि गुवाहाटीमा बाढी आउँछ
घमाइलो दिनमा, धुलोले गुवाहाटी भरिएको हुन्छ
ट्राफिक जामले यात्रालाई डरलाग्दो अनुभव बनायो
खन्ने प्वालहरूले जताततै प्रतिरोध दिन्छ
बाढीग्रस्त क्षेत्रमा पिउने पानीको अभाव यथावत छ;
निर्माण कार्यले एलर्जी भएका मानिसहरूको जीवन नरक बनाइदियो
तरकारी बिक्रीका लागि बिक्रेतालाई फुटपाथ दिइएको छ
गुवाहाटी अब ज्येष्ठ नागरिकका लागि बस्न योग्य सहर रहेन
फ्लाईओभर बन्नुअघि नै धेरैको ज्यान जानेछ
तैपनि नागरिक सुविधा मर्मतका लागि कसैले सोधेनन्;
बारम्बार विद्युत् अवरुद्ध हुँदा मानिसहरु इन्भर्टरबाट खुसी छन्
यी स्मार्ट सिटी गुवाहाटीका केही ट्रेलर मात्र हुन्
बढ्दो जनसङ्ख्याले ओभरलोड गरिएका नागरिक सुविधाहरू ध्वस्त हुनेछन्
हाम्रो जीवनकालमा स्मार्ट सिटी गुवाहाटी कहिल्यै दोहोरिने छैन
बस्ने ठाउँको रूपमा गुवाहाटीको नाम सदाको लागि बढ्नेछ।

20. धर्मको सीमाना बाहिर

धर्मको सिमाना बाहिर, तर्कसंगत सोच सुरु हुन्छ

ग्यालिलियो र आइन्स्टाइन जस्ता व्यक्तिहरू तार्किक र स्मार्ट थिए

धर्मले कहिल्यै स्वीकार गर्दैन कि तिनीहरूको ग्रन्थ मानव द्वारा लेखिएको हो

मौखिक संवादको क्रममा त्रुटिहरूको सम्भावना थियो

चिनियाँ मानिसहरूले कागजको आविष्कार मात्र वैज्ञानिक समाधान थियो

तर त्यो भन्दा पहिले धेरै संचारकर्मीहरूले आफ्नै विचार थपे

विभिन्न देशहरूमा धर्मका धेरै पदहरू फरक-फरक काम गर्छन्

धर्मले बिफर, पोलियो वा अन्य पुराना रोगहरू उन्मूलन गरेको थिएन

धर्म र रीतिरिवाज भन्दा बाहिर सोच्दै, विज्ञानले हाम्रो जीवनलाई सहज बनायो

Covid19 को समयमा धर्महरूले प्रार्थना बाहेक केही गरेनन्

केवल खोपले लाखौं मानिसहरूलाई मर्नबाट बचायो

यद्यपि मानिसहरूले विश्वास गर्नेछन् कि मध्ययुगीन दिनका पाठहरू सही छन्

मानवताले सोच बदलेन भने भविष्य उज्यालो हुँदैन ।

21. म मेरो DNA बाहेक केही होइन

म जानकारी बोक्ने DNA बाहेक केही होइन

लाखौं वर्ष पहिले मेरो विकास सुरु भयो

मैले जानकारी सहित केही ज्ञान मात्र थपेको छु

यी सबै RAM मेरो समाप्ति संग तुरुन्तै मेटिनेछ

तर कुनै न कुनै रूपमा, कुनै न कुनै तरिकाले मेरो DNA को निरन्तरता हुनेछ

म मेरो जीनलाई उच्च प्रजातिमा परिवर्तन गर्न सक्दिन

यो विकास र प्राकृतिक चयन पासाहरूमा जारी हुनुपर्छ

मेरो भौतिक उपलब्धि पहिले दाहसंस्कारको आगोमा जान्छ

मेरा अरु उपलब्धिहरु बिस्तारै कमजोरीको बाटो देख्रेछन्

यो संसारमा मेरो आफ्नै रचना सम्झन सक्ने केहि छैन।

22. उमेरले फरक पार्छ

बीस वर्षको उमेरमा मैले मातृभूमिको लागि हिंसक आन्दोलन गरें

तीस वर्षको उमेरमा मेरो व्यवस्था विरुद्धको विद्रोह तल आयो

चालीस वर्षको उमेरमा, करियर र पारिवारिक जिम्मेवारी मुख्य थियो

पचास वर्षको उमेरमा, मेरो प्यारो मातृभूमिको लागि मसँग समय थिएन

जब म ६० वर्षको उमेरमा रिटायर भएँ, म मूल्य र कारणहरूको लागि ब्रेक गर्ने कुकुर बनें

सत्तरीको उमेरमा म बिस्तारै बुढेसकालका रोग र रोगले लङ्ङडा हुँदैछु

मलाई थाहा छ अस्सी पछी कसैले मेरो भुक्ने सुन्न पनि पर्दैन

मेरो साहसको सम्झनाले मात्र बाँच्नको लागि, म संघर्ष गरिरहेको हुन सक्छ

यदि तपाईले बीस वर्षको उमेरमा आफ्नो राष्ट्रको बारेमा सोच्नुहुन्न भने, तपाई अद्वितीय हुनुहुन्छ

असी वर्षको अन्त्यमा पनि तिम्रो विगत सम्झिरहन्छ होला।

23. हामी बूढो हुँदै जान्छौं

म सानो छँदा आमाको काख सबैभन्दा सहज ठाउँ थियो
म सानो हुँदै जाँदा बुबा र आमाको बीचमा सुत्नु राम्रो थियो
एक समयमा, म आराम र गोपनीयताको लागि एक्लै सुत्न रुचाउँछु
साथीहरू र साथीहरूसँग समय बिताउनु महत्त्वपूर्ण र प्राथमिक हुन्छ
समयसँगै हाम्रो बानी र बानी परिवर्तन हुँदै गयो
हामीले जहिले पनि सबै कुरा सही र राम्रो चलिरहेको मान्थ्यौं
एक समयमा, हामीले हाम्रो सुन्दर बाल्यकाल बिर्सियौं
हामी फेरि ती दिनहरू सम्झन्छौं जब हामी धेरै वृद्ध हुन्छौं
बच्चाको रूपमा हाम्रो अपेक्षाहरू छिटो बढ्न र वयस्क बन्ने थियो
तर ६० पछि हामी छिटो हिँडेर चिहानको यात्री बन्न चाहँदैनौं।

24. अन्तिम बिहान

हरेक रात जब म ओछ्यानमा जान्छु, म असाध्यै खुशी महसुस गर्छु

किनकी मलाई लाग्छ आज मेरो अन्तिम दिन हो भोलि आउदैन

रातको समयमा, म यो पीडामय संसार छोडेर स्वर्गमा हुनेछु

म मेरा पुराना साथीहरू, बुबा, हजुरबा हजुरआमा र प्रिय शिक्षकहरूलाई भेट्नेछु

तिनीहरूले मलाई कुनै अपेक्षा बिना माया र अँगालोमा स्वागत गर्नेछन्

गन्तव्यमा धेरै प्यारो मान्छे मलाई पर्खिरहेका छन्

बिहान, जब म उठ्छु, म झ्यालबाट सूर्यको किरण देख्छु

सपना र हिजोको छायाँ बिर्सन्छु

म जीवित छु र मेरो काम जारी राख्छु भनेर अत्यन्तै खुशी महसुस गर्नुहोस्

काल्पनिक शान्त, खुसी ठाउँ, चिहानमा, म रोकिनँ

मानिस र प्रकृतिसँग जोडिएको दिन रमाइलो भयो

मेरो लागि, आज मात्र भूत, वर्तमान र भविष्य हो

फेरि, दिनको अन्त्यमा, जब म सुत्न ओछ्यानमा जान्छु, मलाई खुशी लाग्छ

आज मेरो अन्तिम दिन थियो, मृत्यु र अन्तिम निद्रामा कुनै भिन्नता छैन।

25. बाहिर हेर्नुहोस्

साथीहरु आउनेछन् साथीहरु जान्छन्

तैपनि नदी झैँ जीवन बगिरहन्छ

कहिले अँध्यारो, कहिले उज्यालो

गति छिटो वा ढिलो हुन सक्छ

जबसम्म गन्तव्यमा पुग्दैन, जीवन एउटा तीर हो

हामी हिँड्दा परिवारहरू नजिकै रहनेछन्

साथमा कोही जाने छैन, समयले प्रमाणित गर्नेछ

अन्तिम गन्तव्यमा पुग्दा पनि

धन बाँड्नका लागि मानिसहरूले बहस सुरु गर्नेछन्

वकिल र अदालतले आफ्नो योगदान गर्नेछ

अदालतमा तपाईंको नाम निरन्तरतामा हुन सक्छ

एक दिन विवाद गर्नेहरू समाधानको लागि जान्छन्

तिनीहरूका लागि तपाईंको नाम सधैंभरि विस्मृतिमा जानेछ

चिन्ता नगर्नुहोस् कि साथीहरू टाढा जान्छन् वा तपाईंको साथमा उभिन्छन्

झ्यालको सिटमा बसेर बाहिरको दृश्य हेर्दै अगाडि बढ्नुहोस्।

26. तपाईं औसत भन्दा माथि हुनुहुन्छ

जीवनका हरेक काम वा गतिविधि केही समयपछि नीरस बन्छन्

कम बौद्धिक व्यक्तिहरूको लागि मात्र एउटै दोहोरिने काम ठीक छ

धेरै मानिसहरू पूरै जीवन वाइन परीक्षण गर्न खर्च गर्न मन पराउँदैनन्

हरेक बिहान एउटै काम दोहोर्याउँदा बोझ हुन सक्छ

यसलाई नयाँ क्षेत्रको लागि छोड्न, धेरैजसो मानिसहरूले अचानक निर्णय गर्छन्

यदि तपाईं बुद्धिमान हुनुहुन्छ र एक नवीन खुला दिमाग संग

तपाईंको जीवनमा आउने परिवर्तनहरूलाई स्वागत गर्न सधैं दयालु हुनुहोस्

अनिश्चित भविष्यको साथ सुरक्षा र अज्ञात भूभागसँग नडराउनुहोस्

कुमारी माटोमा मात्र राम्रो बाली हुन्छ, तपाईंले प्रकृतिमा देख्नु भएको होला

सुरक्षा र सुरक्षाको दृष्टान्तले धेरै ऊर्जावान जीवन बिगार्यो

उनीहरुको एउटै नवीनता मध्यम उमेरमा आफ्नी श्रीमतीलाई सन्तुष्ट पार्नको लागि रह्यो

कम्फर्ट जोन नीति सुस्त र कमजोर IQ भएका मानिसहरूका लागि राम्रो छ

यदि तपाईंलाई लाग्छ कि तपाईं ऊर्जाको साथ औसत भन्दा माथि हुनुहुन्छ, नयाँ बारबेक्यू प्रयास गर्नुहोस्।

27. जिज्ञासा राम्रो छ

अरुको मामिलामा नाक खुम्चाउनु असभ्य कार्य हो

तर समस्या समाधान गर्न, जिज्ञासा राम्रो समाधान हो

जिज्ञासाले जटिल परिस्थितिमा प्रवेश गर्न दिमागलाई प्रज्वलित गर्न मद्दत गर्दछ

नयाँ चीजहरू पत्ता लगाउन, जिज्ञासाले तपाईंलाई दिशा देखाउन सक्छ

कसरी र किन सधैं युवा दिमागहरूलाई नवीनता गर्न मद्दत गर्दछ भनेर सोध्नुहोस्

जिज्ञासाको साथ तपाईंको आफ्नै क्रम परिवर्तन र संयोजन गर्नुहोस् सूत्रहरू याद गर्नुको सट्टा यसले तपाईंको महत्वाकांक्षामा मद्दत गर्न सक्छ

छिमेकी जोडीको झगडा हुँदा नाक नथुन्नुहोस

यो जिज्ञासाले तपाईंलाई ठूलो समस्यामा धकेल्न सक्छ जुन आसन्न छ

तर जीवनका प्रयोगहरूमा नाक थुनेर केही सिक।

28. वृद्ध मानिस र जवान केटा

जब तपाईलाई एक वृद्ध मानिस भनिन्छ निराश नहुनुहोस्

तपाईं भाग्यशाली हुनुहुन्छ कि तपाईंले आफ्नो यात्रा पूरा गर्नुभयो

समय राम्रो थियो, परिवेश र वातावरण राम्रो थियो

सडकमा अनैतिक प्रतिस्पर्धा र पागल भीड विरलै थियो

रिसाउनुको सट्टा, अगाडि खराब सडकहरूको लागि तिनीहरूलाई हाँस्नुहोस्

तपाईं समयको फरक डोमेनमा यात्रा पूरा गर्न भाग्यशाली हुनुहुन्छ

सेतो कपाल र बुढ्यौली छालाले रेलको गति सुस्ताएको अभिव्यक्ति हो

कुनै पनि पल यो सीटी बजाउनेछ र तपाईँलाई तल खसाल्न तपाइँको गन्तव्यमा रोकिनेछ

अन्तिम गन्तव्यमा पुग्नको आराम रोमाञ्चक छ

गन्तव्यमा पक्कै मुस्कान बोकेका पुराना साथीहरू पर्खिरहेका छन्।

२९. भर्जिनिटी टेस्ट

मानव जातिको इतिहासमा कुनै पनि पुरुषको कुमारीत्व परीक्षण गरिएको थिएन

हरेक सभ्यता, संस्कृति वा धर्म नारीप्रति निर्दयी हुन्छ

कारणहरू सरल छन् किनभने सबै अगमवक्ताहरू पुरुष कल्पना थिए

पुरुष अराजकतातर्फ सबै धर्म र संस्कृतिको गहिरो झुकाव छ

रानीहरूले शासन गर्ने देशहरूमा पनि राजकुमारीलाई कुमारीत्व परीक्षणको लागि बाध्य पारिएको थियो

तर राजकुमारले बहुविवाहको अनुभव लिन सक्छन् र उत्कृष्ट आनन्द लिन सक्छन्

लैङ्गिक असमानता शताब्दीयौंदेखि कुनै पनि विराम बिना जारी छ

कतिपय धर्महरूमा महिलाहरूलाई घरभित्र राख्नु शोषणको चाल हो

कुनै पनि देशमा नारीलाई समान इँटा मानिएको थिएन

सिसाको छत भत्किएको अवस्थामा छ र हाम्रो समाज अझै बिरामी छ।

30. एक्लै म सानो फ्राइ हुँ

उज्यालोको खोजीमा हाम्रो यात्रा अजेय होस्

एक्लै म सानो मान्छे हुँ, तर सँगै हामी टोली हौं

हामी ठूला बाँधहरू बनाउन सक्छौं र नदीको प्रवाह परिवर्तन गर्न सक्छौं

राजमार्गका लागि पहाडमुनि सुरुङ निर्माण गर्नु सानो काम हो

तर म एक्लैले रामायण जस्तो हिमाल उठाउन सक्दिन

तर सँगै एउटा नयाँ संसार हामी सजिलै बनाउन सक्छौं

हाम्रो प्रयासले आदमको पुल निर्माण गर्ने बाँदरहरूलाई मन पराउनुपर्छ

आत्म-गौरव र गर्वले मात्र मलाई विपत्तिमा धकेल्न सक्छ

एक्लो मानिसको रूपमा, ढिलो होस् वा पछि समयले मलाई रिटायर गर्न बाध्य पार्नेछ

तर हामीले विकास गरेको टोलीले विजय हासिल गर्न चमत्कार गर्नेछ।

31. समय थियो, छ, कहिल्यै खराब हुनेछैन

समय कहिल्यै कठिन, असभ्य, अस्थिर वा कठिन थिएन

यो हाम्रा पुर्खाहरूको पालामा जस्तै सामान्य थियो

तर पनि घाम उदाए पनि दिनमा समय नराम्रो हुन्छ भन्ने लाग्यो

रातको समयमा, मैले सडक धेरै चिप्लो र पाइलाहरू अदृश्य भएको बताए

गल्ती मेरो हो कि मैले बोकेको टर्चमा राख्न बिर्से

जीवनको अन्त्यमा, मैले महसुस गरें कि समय न खराब छ न राम्रो

दिन र रातमा समय खराब छ भन्ने मनको धारणा थियो

वर्षाको दिनमा पनि छाता लिएर चाँडो हिँड्न सक्थें

पूर्णिमाको चन्द्रमाको समयमा, म माइलको यात्रा गर्न सक्थे

तर समयलाई सबै कुराको दोष दिँदै मैले गति भनेको समय हो भन्ने बिर्सिएँ

आजको नराम्रो सोच्ने गल्तीले धेरैको उज्यालो जीवन बर्बाद गर्यो।

32. जीवन रक्षा मुख्य रूपमा छ

कुनै समय हामी हाम्रा सँगी मानव बेच्थ्यौं

संसारका धेरै भागहरूमा दासहरूको बजार थियो

रगत भोको देवीलाई खुसी पार्न मानिसको बलि दिइयो

चीजहरू बिस्तारै परिवर्तन भएको छ र अब मानिसहरू जोगिएका छन्

हामी परिवारको भागको रूपमा हाम्रो घरपालुवा जनावरलाई माया र हेरचाह गर्छौं

हामी आफू जस्तै हौं भनेर उनीहरूले हामीमाथि पूर्ण विश्वास राख्छन्

तर एक राम्रो बिहान हामीले तिनीहरूलाई केही पैसाको लागि कसाईलाई बेच्यौं

प्रेम हेरचाह र वर्षहरू, संलग्नकहरू सबै आवश्यकता वा लोभमा हराउँछन्

आफ्नो जीवनको अस्तित्व सधैं पहिलो प्राथमिकता हो

प्रेम, हेरचाह, सम्बन्ध, मित्रता सबै गौण हो

आनुवंशिक कोड अझै उस्तै छ यद्यपि हामीले अधिक सभ्य दावी गरेका छौं

अहिले पनि विभिन्न तरिकाले महिला, बालबालिकामाथि अत्याचार भइरहेको छ ।

33. खतरनाक संक्रमण

जीवन एक खतरनाक संक्रमण हो जुन प्रेम सम्बन्धबाट सुरु हुन्छ
एकपटक शुक्रकीटले अण्डालाई भेटेपछि, यो बढ्दै जान्छ
पृथ्वीमा बत्तीहरू छिटो देखेपछि यो चल्न थाल्छ
होमो सेपियन्सका लागि, सेक्स प्रेमको छायाको रूपमा वा उल्टो हुन्छ
अनिश्चितताको मादक जीवन मृत्युसम्म जारी रहन्छ
यद्यपि, प्रत्येक व्यक्तिको लागि, जीवन फरक गणित हो
मादक जीवन सबै जीवित प्राणीहरूमा भाइरल छ अधिक बाँच्न
तैपनि कहिले मुटु रोकिन्छ र दुनियाँले बेवास्ता गर्छ कसैलाई थाहा छैन
यो भाइरल चरित्र सबैको जीनमा सम्मिलित छ
नशाको रोमाञ्चक आनन्द लिन हामी सबै उत्सुक छौं
जीवन हाम्रो वर्तमान डीएनए कोड संग प्रेम संग जारी रहनेछ
जबसम्म हाम्रो डीएनए जीवनको वक्रमा अर्को तरिकामा विकसित हुँदैन।

34. घरपालुवा कुकुर

अनादिकाल देखि होमो सेपियन्स को सबै भन्दा राम्रो मित्र
युधिष्ठिरको साथमा आएको कुकुर आकस्मिक थिएन
लाइका कुकुर अन्तरिक्षको पहिलो यात्री थियो
कुकुरको यात्रा पछि देश दौड सुरु भयो
घुमन्ते मानिसको स्निफर साथी अझै पनि आफ्नो काम गर्दैछ
अनियन्त्रित भीडलाई नियन्त्रण गर्न प्रहरीले पनि प्रयोग गर्छ
घरपालुवा कुकुर जत्तिकै इमान्दार कोही पनि हुन सक्दैन
रोबोट र कम्प्यूटर जस्तै, मास्टर्सका कुकुरहरू अर्थोडक्स हुन्
टोक्ने भन्दा पनि रेबिजको डर बढी शक्तिशाली हतियार हो
कुकुरले आफ्नो साथीलाई आक्रमण वा हानि कहिल्यै सहन गर्दैन
साँच्चै प्रकृतिको अद्‌भुत सृष्टि हामीलाई साथ दिनको लागि
एक प्रशिक्षित कुकुर तपाईं संग बढ्दै, विश्वास बिना सोच।

35. महान भारतीय सपना

जनसंख्या, प्रदूषण र भ्रष्टाचार, भारतको आत्माको मुटु, कलेजो र मृगौला

अन्धविश्वास र अनैतिक संस्कृतिले बालबालिका र नागरिकहरू ढाँचा बनेका छन्

मानिसहरूले घुसखोरी र भ्रष्टाचार स्वीकार गर्छन्, र धोखा भारतीय जीवनको हिस्सा हो

यी गुण र आवश्यकताहरू सबैको लागि पत्नी जस्तै अविभाज्य छन्

राजनीतिज्ञ, न्यायाधीश, प्रहरी र सेना सबैले आफ्नो हकको हिस्सा पाउँछन्

नगण्य नैतिक रूपमा इमानदार मानिसहरूको लागि कसैले ध्यान वा हेरचाह गर्दैन

खुसीसाथ बाँच्नका लागि तीन बाँदरको सिद्धान्त अपनाउनुपर्छ

भ्रष्टाचारको हिस्सा बन्नुपर्दछ र समानुपातिक रूपमा सबैसँग लुट बाँड्नुपर्दछ

सोच्ने हो भने एक दिन भारत अखण्डता सहित विकसित देश हुनेछ

तिमी कि त पागल छौ वा कुनै राजनैतिकता बिना मुर्खतामा बाँचिरहेका छौ।

36. धर्म अफिम कि रक्सी?

धर्म जनताको अफिम होइन

बरु यो सबै वर्गका लागि रक्सी हो

जबसम्म तपाईं एक वा दुई पेग पिउनुहुन्छ यो राम्रो छ

तर तपाईंको मुख्य पाठ्यक्रम खानाको रूपमा रक्सी कहिल्यै नपिउनुहोस्

कथा 'आम र किसानको रोटी' सम्झनुहोस्

तीन पेग पछि अधिकांश मानिसहरूले नियन्त्रण गुमाए

र, व्यवहारको भिडियो भाइरल भएपछि मानिसहरू ट्रोल गर्न थाले

जबसम्म मानसिक स्वास्थ्यको लागि पालना गर्नुहुन्छ, धर्म पनि त्यही हो

तर अन्धो भएर धन कमाउनको लागि दुरुपयोग गर्छौं

तिमी धर्मको कालो बाकसमा रूढिवादी बन्छौ

धर्मभन्दा बाहिर समाधानको लागि केही पनि खोज्दैनौ

तपाईं धार्मिक विचार फरक को लागी सँगी साथी मार्न सक्नुहुन्छ

याद गर्नुहोस् सबै धर्म एउटै आधारभूत नशाबाट बनेका छन्

सबै रक्सीका आधारभूत सामग्रीहरू समान छन्, तल्लो तहमा कुनै फरक छैन

सबै धर्महरू पनि एउटै सामग्रीका छन्, यात्राको लागि फरक मार्ग।

37. बिना कारण आफ्नै नायक बन्नुहोस्

जीवन लाइट ब्रिगेडको चार्जसँग मिल्दोजुल्दो छ

कठिन भूभागमा हिंड्दा, पट्टी बिर्सनुहोस्

म किन आएको र उद्देश्य के हो भनेर सोध्ने कुनै कारण छैन

कोही पनि, कुनै ऋषि, पैगम्बरले पनि मान्दैनन्

बाँच्नुहोस् र काम गर्नुहोस्, काम गर्नुहोस् र बिना कारण सोध्नुहोस्

आफ्नो जीवन जिउनुहोस्, अपराध बिना पनि, तपाईं जेलमा हुनुहुन्छ

समस्याहरू तपाईंबाट, तपाईंको दाहिने, तपाईंको पछाडि छोडिनेछन्

तर तपाईंलाई समर्थन गर्न, जब तपाईं खस्नुहुन्छ, सीमित हुनेछ

माथिबाट वा खुट्टा तलबाट खतरा आए पनि

मुस्कान र साहसले एक्लै भेट्नुपर्छ

जीवनको उद्देश्यको लागि कहिल्यै चिन्ता नगर्नुहोस् किनकि जवाफ शून्य छ

दौडको कारण न सोधी, आफ्नै नायक बन्नुहोस्।

38. शत्रुतापूर्ण समुद्रमा यात्रा गर्दै

शत्रु समुन्द्रमा यात्रा गर्दै, साहसी मानिसहरूले नयाँ भूमि पत्ता लगाए
आफ्नै जमिन, अडिग रहने जनताले पनि जोगाउन सकेनन्
माटोका सन्तानहरूले विश्वभर नम्रतापूर्वक आत्मसमर्पण गरे
रक्षा गर्ने साहस नहुँदा धेरै देश लुटिए
जबसम्म तपाईं खराब मौसमको डरले अनिश्चित समुद्रमा जानुहुन्छ
सम्झनुहोस्, सुरक्षित भूमिमा पनि, तपाईं गर्जनले हिर्काउन सक्नुहुन्छ
किनारमा बसेर आकाश हेरेर बस्नु असफलता र ठूलो भूल हो
शत्रु समुन्द्रमा डुङ्गा चलाएर मात्र राम्रो सीप सिक्न सकिन्छ
विशेषज्ञ बन्न र प्रदर्शन गर्न, सबैलाई ड्रिल चाहिन्छ
त्यसपछि मात्र, नयाँ भूमिहरू पत्ता लगाउन, तपाइँको रोमांच हुनेछ।

39. एक दिन हामी सँगै गाउनेछौं

भगवानलाई धन्यवाद, एक दिन मेरा सबै साथीहरूले पनि संसार छोड्नेछन्

स्वर्ग छ भने एउटै गीत गाउने छौँ

कतिपयले भूत बन्ने सुन्दर संसारमा टाँसिने प्रयास गर्न सक्छन्

तर बोक्सीहरूले तिनीहरूलाई रुवाउँनेछन् र तिनीहरू रोस्ट हुनेछन्

त्यसपछि तिनीहरू स्वर्ग जाने प्रयास गर्नेछन् र डिफ्रोस्ट गर्न सुरु गर्नेछन्

जब सबै पवित्र आत्माहरू मिल्छन्, कस्तो आनन्द

कतिपयले आफ्नो बाल्यकालको प्यारो खेलौनासँग पनि खेल्छन्

म त्यहाँ एक पैसा नलिई गरिब भएर जान्छु

स्वर्गमा उधारो लिन, आवश्यक भएमा, मेरो लागि एक विडंबना हुनेछ

मलाई विश्वास छ कि मेरा पुराना साथीहरूले मलाई स्वर्ग यात्रामा दान गर्नेछन्।

40. सीमाविहीन मरुभूमिमा

यस विशाल मरुभूमिमा सबैजना ओएसिस र पानी खोज्दै छन्
तर धेरैजसो मानिसहरू मृगौलाको पछि लागेर मौरी झैं मर्छन्
तिनीहरूले जीवनकालमा न ओएसिस न पानी देख्न सक्थे
कोही ओएसिस पुगे र थकित र बिरामी संसार छोड्छन्
रक्सी नपिई ओएसिसमा पोखरी पुग्दा अरु केही मर्छन्
तैपनि मानिसको जन्मदेखि नै ओएसिसको लागि पागल भीड छ
दौडमा रहेका अभिभावकहरूले दिएको प्रारम्भिक गति
यद्यपि तिनीहरू आफैंले कुनै दिशा वा ट्रेस फेला पार्न सकेनन्
एउटै आशा भनेको अर्को पुस्ताले उनीहरूको तर्फबाट भेट्टाउने हो
तर अर्को पुस्ताका लागि टर्फ अझ गाह्रो छ
पुस्ता आउँछन् पुस्ता मरुभूमिमा दौडिन्छन्
बीचमा फस्टाउँदै गएका सभ्यताहरू घट्दै गएका छन्।

41. म विलासिता वहन गर्न सक्दिन

मलाई थाहा छ ९९-बिन्दु ९९९ प्रतिशत मानिसहरू आज राती मर्ने छैनन्

ती धेरै प्रतिशतका लागि, भोलि सुन्दर, उज्यालो र सही हुन सक्छ

तर आज राति शून्य दशमलव शून्य एक प्रतिशत जनता बाँच्नका लागि लड्नेछन्

भोलि उनीहरुको आर्थिक अवस्था र स्वास्थ्य अवस्था कमजोर र तंग हुन सक्छ

बिन्दु शून्य अंक शून्य मा प्रगति र सफलता को लागी युक्तिहरु निहित छ

यदि तपाइँ सोच्नुहुन्छ भने, तपाइँ माइनस्क्युल समूहमा हुन सक्नुहुन्छ भने केहि पेन्डिङ रहनेछैन

तपाईंले आजका सबै कामहरू दृढ संकल्प र इमानदारीका साथ पूरा गर्नुहुनेछ

जब भोलि आउँछ, तपाईंले जीवनको लागि हर्षित भएर नयाँ गतिविधिहरू सुरु गर्नुहुनेछ

धेरैजसोले हिजोको कामलाई चक्कु काट्ने किनारलाई तिखो नगरी सुरु गर्नेछन्

भोलि वा दिन पछिको लागि सबै कुरा धकेल्नु भनेको ९९ प्रतिशतले मात्र खर्च गर्न सक्छ

म तिनीहरूजस्तो विलासिता गर्न सक्दिन, किनकि म शून्य अंक शून्य एक गुणामा छु।

42. ट्रम्पको विजय

उनी आर्थिक नीति र निर्णायक दिमाग भएका कठोर व्यक्ति हुन्

विश्वका धेरै राजनीतिक अस्थिरताका लागि उनले समाधान खोज्नेछन्

आतंककारी र समस्या सिर्जना गर्नेहरूका लागि, उहाँ कुनै प्रकारको होइन

इस्लामिक असहिष्णु समूहहरूप्रति, उहाँ अन्धा रहनुहुन्न

ट्रम्पको विजय सामाजिक परजीवी र अर्थोडक्सका लागि ठूलो प्रहार हो

तिनीहरूलाई बेअसर गर्न उसले आफ्नो बक्सबाट नयाँ खोप प्रयोग गर्नेछ

प्रजातन्त्र जनताको, जनताका लागि र जनताका लागि हो भनेर उहाँले प्रमाणित गर्नुभयो

तर मिडियाले झूटा कथा मार्फत उनलाई हराउन सरल थियो

अहिले झूटको माध्यमबाट कमाइ गर्ने उनीहरुको पैसा खुकुलो हुन थालेको छ

सिनेट र सदन उहाँसँग शासनमा, उहाँको शक्ति तीन गुणा छ।

४३. सत्यको विजयको उत्सव मनाऔं

असत्यमाथि सत्यको विजयको उत्सव मनाऔं

ट्रम्पको साथमा विश्वका हरेक नागरिक उभिनुपर्छ

विश्वमा करोडौं मानिस खानाविना बाँचिरहेका छन्

ट्रम्पले सबै चलिरहेको युद्धलाई रोक्नेछन्, यो धेरै राम्रो छ

बजारमा, मानिसहरूको मूड राम्रो हुनेछ

कमिसन कम हुने डरले बिचौलिया दुखी छन्

तिनीहरूले कुनै स्थायी समाधानको लागि कसैलाई समर्थन गर्दैनन्

छद्म बुद्धिजीवी र धर्मनिरपेक्षहरूले नृत्यको सामना गर्नेछन्

ट्रम्पले उनीहरूलाई बाहिर निस्कन वा पछाडिको बेन्चमा बस्न बाध्य पार्नेछन्

हामी सहिष्णु जनता ट्रम्पको पर्खालमा उभिनुपर्छ ।

44. खुसी हुनुहोस्

ट्रम्पको जितसँगै खुसी हुनुहोस्, चिन्ता नगर्नुहोस्
आफ्ना प्रतिद्वन्द्वीहरूलाई पनि, उसले कालो बेरी प्रस्ताव गर्नेछ
आफ्ना समर्थकहरूलाई उनले सुन्दर रातो चेरी दिनेछन्
सबै मिलेर रमाइलो गर्नु पर्छ
इस्लामिक आतंककारीहरू तीव्र नौकामा भाग्नु पर्छ
पराजय शिविरमा केही मुटु जलेको हुन सक्छ
आफ्नो भाग्यका लागि चार वर्षसम्म न्याम्पमा क्याटवाक गर्नुपर्छ
चार वर्षपछि दियो बाल्न निकै मिहिनेत गर्नुपर्छ
अब आलोचनाहरूसँग ट्रम्पलाई सहनुको विकल्प छैन
सावधानीका साथ तिनीहरूले कुनै पनि गुसबम्पबाट बच्न ड्राइभ गर्नुपर्छ।

45. आउँदै र जाँदै

सुरुवात र अन्त्य उस्तै यात्रा हो
हामी अस्पतालबाट कसैको काँधमा आएका थियौं
र कसैको काँधमा चिहानमा जानुहोस्
बीचको यात्रा फरक-फरक मानिसको लागि फरक हुन सक्छ
तर घर र चिहानको यात्रा उस्तै र सरल छ
सबै कोलाहल, अरूको आगमनको लागि खुसीसाथ उत्सव
सबै कुरा चुपचाप अन्त्य हुनेछ, कोही कोही धेरै पहिले मर्न सक्छन्
तपाईलाई उसको कठिनाइ र शत्रुतापूर्ण ट्र्याकको बारेमा थाहा छैन
उहाँको चिहान नजिक, तपाईं पनि गाडिएको छ, तर तपाईंलाई थाहा छैन
किनकी आउने र जानु तिमीले होइन, अरु थोरैले गर्छ ।

46. के खुशी तपाईको मात्र लक्ष्य हो?

यदि जीवनमा खुशी तपाईको एकमात्र लक्ष्य हो भने, कडा परिश्रम गर्नु पर्दैन

ग्रामीण इलाकामा झुपडीमा सरल जीवन एक सजिलो र किफायती समाधान हो

एउटा घरपालुवा कुकुर राख्नुहोस् र बल फ्याँक्दै उहाँसँग खेल्नुहोस् र चराहरूलाई खुवाउनुहोस्

नजिकैको पोखरीमा एङ्गलिङ गर्दा साथीहरूसँग खुसीसाथ माछा मार्ने आनन्द मिल्छ

तपाईं हरेक पन्ध्र दिनमा तारा र पूर्णिमाको आनन्द लिन सक्नुहुन्छ

अन्धकारको समयमा फायरफ्लाइ हुनेछ, र तपाईंको घरपालुवा जनावरले तपाईंलाई चुपचाप मार्गदर्शन गर्नेछ

तर यदि तपाई खुसीले मात्र खुसी हुनुहुन्न, तर अझ धेरै चाहनुहुन्छ

पसलमा तपाईलाई पर्खिरहेका धेरै जटिलताहरू हुनेछन्

बगैचा र पौंडी पोखरी संग सुन्दर घर को आराम को लागी

कडा परिश्रम र धेरै भन्दा धेरै पैसा कमाउनु एक मात्र नियम हो

एक पटक तपाईसँग धेरै पैसा छ, तपाईलाई नाम र प्रसिद्धि चाहिन्छ

त्यसपछि जीवनमा सफल हुनु तपाईंको लक्ष्य र खेल बन्नेछ

मुसाको दौडमा, तपाईं सादगी र खुशी बिर्सन धेरै व्यस्त हुनुहुनेछ

हरेक दिन तपाईलाई थप काम र थकानको बोझ हुनेछ

यदि सफलता, नाम र कीर्ति तपाईको लक्ष्य हासिल गर्नु होइन

सरल जीवनमा अडिग रहनुहोस् र स्वीकार गर्नुहोस् कि अज्ञानता वरदान हो।

47. संसार अहिले बजार छ

संसार अहिले नक्कली उत्पादनहरूले भरिएको भर्चुअल बजार हो
सबैले खराब आचरणको साथ अरूलाई केहि बेच्न खोजिरहेका छन्
नक्कली मार्केटिङका कारण मित्रता र सम्बन्ध टुट्दै गएको छ
अरुलाई मुर्ख बनाउन र झूटबाट कमाउन सबै प्रयासरत छन्
कमिसनका लागि, सम्बन्धको सन्दर्भमा कसैले चिन्ता गर्दैन
केवल बिक्री र बिक्री र पैसा कमाउन सबै कुरा बिर्सनुहोस्
बजारमुखी संसार र समाजमा, पैसा सबैभन्दा राम्रो मह हो
बिक्रीमा नैतिकता कतै अवस्थित छैन, सबैले भोली खरीददारहरूलाई पासोमा पार्ने प्रयास गर्छन्
बहुस्तरीय मार्केटिङले धेरै निर्दोष मानिसहरूको औंलाहरू जलिरहेको छ
हरेक मानिसलाई विक्रेता बनाउनको लागि लोभ नै प्रमुख शक्ति हो
चाँडो पैसाको लागि पनि विचार निर्माताहरू सजिलैसँग आत्मसमर्पण गर्छन्।

48. केहि फरक प्रयास गर्नुहोस्

चिकेन करीलाई खानाको रूपमा दिनहुँ खान कसैलाई मन पर्दैन चाँडै, केहीले चिकन फ्राई वा चिली चिकनमा स्विच गर्नेछन्

कतिपयले अन्य मासु वा शाकाहारी भोजन पनि प्रयास गर्नेछन्

सबै भन्दा राम्रो रेस्टुरेन्ट मा सबै भन्दा राम्रो खाना पनि चाँडै यसको परीक्षण गुमाए

होमो सेपियनहरू परिवर्तन, विविधता र विभिन्न चीजहरू मन पराउँछन्

नयाँ चीजहरूको लागि जोर हरेक व्यक्तिमा निहित हुन्छ

हरेक मानिस नवीन सोच र नयाँ विचार गर्न सक्षम छ

केवल उसले आफ्नो मनपर्ने बाहेक अन्य नयाँ परिकारहरू प्रयास गर्नुपर्छ

कहिलेकाहीँ तीतो तरबूज बटर चिकन भन्दा स्वादिष्ट हुन्छ

आफ्नो सजिलो र कम्फर्ट जोनमा धेरै लामो समय नबस्नुहोस्

यसले चाँडै तपाईंको जिज्ञासु र नवीन दिमागलाई नष्ट गर्नेछ

यदि तपाईंले मौका पाउनुभयो भने, नयाँ परीक्षणहरू, नयाँ विचारहरू सधैं फेला पार्नुहोस्

एक दिन तिमी अचम्ममा पर्नेछौ, किन यति लामो पुरानो बाटोमा झुण्डिएर बसेँ

किनभने धेरै प्याटेन्टहरूसँग, तपाईंको प्रोफाइल धेरै बलियो हुनेछ।

49. तपाईं खर्च गर्न सक्नुहुन्छ तर मलाई छैन

म गरिब भएकोले पैसा बर्बाद गर्न सक्दिन

गरिब मानिसले समय बर्बाद गर्न सक्दैन, समय भनेको पैसा हो

धनी मानिसहरू बिना कुनै हिचकिचाहट स्वतन्त्र रूपमा समय बर्बाद गर्न सक्छन्

तिनीहरूले मोटो क्यापिटेशन तिरेर कुनै पनि क्षण समय किन्न सक्छन्

तर गरिब भएकाले दृढताका साथ समयको सदुपयोग गरिरहेको छु

यदि तपाईं धनी हुनुहुन्छ भने, आफ्नो समय र पैसा बर्बाद नगर्नुहोस्

खुला दिमाग र परोपकार मार्फत गरिब र खाँचोमा परेकाहरूलाई मद्दत गर्नुहोस्

यदि तपाईले आफ्नो पैसा र समय बचत गर्नुभयो भने पनि तपाईसँग केहि जानेछैन

किन उदार नबन्नु र थोरै संगै खुसी बन्नु

तपाईंको समय समाप्त हुनु अघि, दान गर्नुहोस् र सुन्दर दृश्य हेर्नुहोस्।

50. खुशी मात्र पर्याप्त छैन

मानिसको जीवनमा खुसी मात्रै होइन र सबैको अन्त्य हुन्छ

त्यसो भएको भए वन्यजन्तुको जीवन धेरै उच्च थियो

मादक पदार्थ र लागुपदार्थ दुव्र्यसनीहरू पनि सधैं खुसी हुन्छन्

होमो सेपियन्सको लागि, त्यहाँ खुशी भन्दा बाहिर केहि छ

हामी धेरै जसो मानिसको जीवनमा मायालु चीज खोज्छौं

यो सत्य, सौन्दर्य, ईश्वर वा आफ्नै भित्री आत्मको खोजी हुन सक्छ

आधारभूत आवश्यकताहरूको सुरक्षाले सीमित समयको लागि मात्र आनन्द दिन्छ

यदि तपाईं यीसँग पूर्ण रूपमा खुसी हुनुहुन्छ भने, तपाईं जनावरहरू जस्तै राम्रो हुनुहुन्छ

खाना, आश्रय, प्रेम र यौनसम्पर्कमा खुसी हुनु पनि पशुको वृत्ति हो

जबसम्म तपाईंले प्रयास गर्नुहुन्न र बाहिर खोज्नुहुन्न, तपाईं तल्लो प्राणी र स्थिर हुनुहुन्छ।

51. जब तपाईं धेरै दयालु हुनुहुन्छ

जब हामी धेरै उदार र धेरै दयालु छौं
हाम्रो मनोवृत्तिमा, कमजोरी मानिसहरूले फेला पार्छन्
मानिसहरु सोच्छन कि हामी तोड्न को लागी धेरै नरम छौं
अनुचित फाइदा लिन खोज्छन्
दयालाई कमजोरीको चिन्ह मानिन्छ
अरूको लागि उदार मानसिकता तपाईंको अन्धकार बन्छ
आफ्नो सन्तुष्टिको लागि सकारात्मक र दयालु हुनुहोस्
चरित्र विविधताको लागि मात्र नदेखाउनुहोस्
सहनशील हुनुका साथै साहसी र दृढ हुनुहोस्
आफ्नो स्वाभिमान सधैं उच्च र विवेकी राख्नुहोस्।

52. अन्धकारमा

कहिले सम्म अँध्यारोमा चम्कने हो

कहिले सम्म दया देखाउने हो

एक दिन तिमी थकानले ग्रसित हुनेछौ

लामो अवधिमा मैले के राम्रो पाएको छु भनी तपाईंले पुनर्विचार गर्नुहुनेछ

आफ्नो मनमा राम्रो महसुस बाहेक आफ्नो रमाइलो मात्र हो

तपाईंले उत्सर्जित गरेको प्रकाश धेरै छोटो थियो र मानिसहरूले बिर्सनुभयो

तिमी रोकिएपछि फेरि अन्धकारले घेर्यो

राम्रो समाज बनाउन को लागी तपाईको सबै प्रयास असफल भयो

अरूको लागि सधैं जीवनभर चमक नगर्नुहोस्

आत्म-हेरचाहको लागि र समय मा रमाइलो पनि महत्त्वपूर्ण छ।

53. कुनै पनि कुराले सत्यलाई उखेल्न सक्दैन

जब तपाईं सीधा अगाडि हुनुहुन्छ, धेरै मानिसहरूले तपाईंलाई पागल ठान्नेछन्

आफ्नो स्वार्थ बिना सत्यको पक्षमा उभिएपछि मान्छे अनौठो देखिन्छ

सबैले जीवनको बाटो जिग्ज्याग हो र सीधा हुनु विकृति हो भन्ने ठान्छन्

अरूको विचारको लागि चिन्ता नगर्नुहोस् र सीधा जानुहोस्, बाधाहरू हाम फाल्दै

विचार निर्माताहरूको आलोचना र अपमानबाट बच्न, कछुवा जस्तै व्यवहार गर्नुहोस्

तपाईंको दिमाग भित्र कोही पनि झुकाउन पस्न सक्दैन जबसम्म तपाईं विषाक्त शब्दहरू प्रतिक्रिया गर्दैनन्

जस्तोसुकै कठिनाई वा कठिन समयको सामना गर्नु पर्यो, सत्य सधैं सत्य हुनेछ

कुनै पनि सभ्यताले सामूहिक रूपमा बेइमानीलाई उत्तम नीति घोषणा गर्दैन

सत्यको लागि तपाईंको पागल मनोवृत्ति तपाईंको सत्यता र जीवनको बचत हुनेछ

गहिरो जरा भएको सीधा रुखलाई गर्जनले कहिल्यै उखेल्न सक्दैन।

54. तपाईं सुन्दर हुनुहुन्छ

सुन्दर सहर तपाईको नजरमा सुन्दर नहुन सक्छ

किनभने सुन्दरता दर्शकको आँखा र दिमागमा हुन्छ

कतिपय मानिसहरूले कंक्रीटको जङ्गललाई सुन्दर नठान्छन्

तिनीहरूका लागि सुन्दरता पहाडहरू, जंगली रूखहरू, झरनाहरू र जङ्गलहरूमा छ

सेतो रङ सधैं सुन्दर हुँदैन, कहिलेकाहीँ कालो राम्रो हुन्छ

तपाइँको भित्री सुन्दरता कोही कोहीले प्रशंसा नगर्न सक्छ

यसको मतलब यो होइन कि तपाईं सबैका लागि सुन्दर हुनुहुन्न

मायोपिक दृष्टिले सबैले भित्री सुन्दरता देख्न सक्दैनन्

म तिम्रो कदर गर्छु; तपाईं कुनै पनि यदि बिना भित्र र बाहिर साँच्चै सुन्दर हुनुहुन्छ

अनुमोदन नहेरी आज एक्लै आफ्नो सुन्दर दिन मनाउनुहोस्।

55. कुनै पनि लाभ बिना कोही रुने छैन

मरेपछि केही गोही बाहेक कोही रुने छैन

तपाईंले कसैको पीडा परिवर्तन गर्नुभएको छैन वा उनीहरूको सफलता मनाउनु भएको छैन

त्यसोभए, यो एकदम सान्दर्भिक छ कि जब तपाईं मर्नुहुन्छ, तपाईंको बक्सहरू खाली हुनेछन्

साथीहरूको पीडामा तिमी कहिल्यै रोएनौ

र तपाईं सबैले कुखुरा लिएर दाहसंस्कारमा मार्च गर्न अपेक्षा गर्नुहुन्छ

यदि केही यात्रुहरूले जिज्ञासामा टकराए भने तपाईंको लागि पर्याप्त छ

जिउँदै गर्दा तिमीले त्यो सोचेनौ र तिमी स्वार्थी भएर हुर्कियौ

यो राम्रो छ कि कम्तिमा तपाईंको पैसाको लागि, तपाईंको शरीर थोरै मानिसहरूको औंलाको लागि

अरु तीन वटा लाशहरु संगै तिमीलाई पङ्क्तिमा जलाइनेछ

तिमीले जीवनभर ईर्ष्या, घृणा र केही कडा शत्रुहरू खेती गरेका थियौ।

56. लोभ बनाम आवश्यकता

जब तपाईं लोभी हुनुहुन्छ, तपाईं सधैं खाँचोमा हुनुहुन्छ

जब तपाईं खाँचोमा हुनुहुन्छ, तपाईं सधैं लोभी हुनुहुन्छ

शिक्षाहरूले हामीलाई हाम्रो लोभ त्याग्न उत्प्रेरित गर्ने प्रयास गर्छ

तर आधारभूत वृत्तिले सधैं हाम्रो आवश्यकता पूरा गर्न बाध्य पार्छ

हाम्रो प्रगतिको लागि आवश्यकता र लोभ समान रूपमा सन्तुलित छन्

अप्टिमाइजेसनको अभावमा, जीवन रिग्रेसनमा हुनेछ

लोभको अत्याधिक प्रवेशले जीवन कष्टकर बनाउँछ

साथै, अति गरिबी र आवश्यकताले जीवनलाई समस्यामा धकेल्छ

आफ्नो आवश्यकता र अलि बढी पूरा गर्न होशियारीपूर्वक काम गर्नुहोस्

तर केवल भ्रमको लोभको लागि, आफ्नो पसल निर्माण नगर्नुहोस्।

57. साठी प्लस मा

६० वर्षको उमेरमा तिमी आवश्यकता वा लोभमा दौडिरहेका छौ

यदि तपाईं अझै पनि आधारभूत आवश्यकताहरूको लागि दौडिरहनुभएको छ भने, तपाईं असफल हुनुहुन्छ

यदि तिमी आफ्नो लोभको लागि दौडिरहेका छौ भने तिमी अनन्त मरुभूमिमा छौ

दुबै अवस्थामा तपाई न सन्तुष्ट हुनुहुन्छ न खुसी हुनुहुन्छ

यदि तपाईं आवश्यकता वा लोभको लागि र सन्तुलनमा दौडिरहनुभएको छैन भने

तपाईं आठ अर्ब याद्दच्छिक रूपमा भाग्यशाली साथीहरू मध्ये एक हुनुहुन्छ

सन्तुलनमा, तपाईं रंगीन गिलास बिना संसार देख्न सक्नुहुन्छ

तपाईं जनतामाझ साधारण मान्छे होइन

तपाईं एक सफल, खुसी मानिस र अरूको लागि रोल मोडेल हुनुहुन्छ

इन्द्रेणी र गर्जनको मजा लिदै आफ्नो एक्लो बाटोमा जानुहोस्।

58. केहि फरक पर्दैन

लामो समय मा, जीवन मा केहि फरक पर्दैन
छोराछोरी, साथीहरू र श्रीमती पनि
नाम, प्रसिद्धि र धन खेल को भाग
तर अन्त्यमा तिम्रो लाश जस्तै सबै उस्तै छ
कसैले चाँडै बुझ्छन्, कसैले भर्खरै बुझ्छन्
मृत्युको क्षणमा पनि कोही कोही दृढतापूर्वक समात्ने प्रयास गर्छन्
कृष्ण, बुद्ध, येशु सबैले सत्य बोल्ने प्रयास गरे
तर सबै आ–आफ्नो बाटोमा हिँड्छन्
हेमिङवे, मोनरो जस्ता सेलिब्रेटीहरूले चाँडै राजीनामा दिए
भर्जिनिया वुल्फले सेलिब्रेटी भएर पनि आत्महत्या गरिन् ।

59. रावण

पौराणिक कथाको चरित्र रावण असममित थियो
गुरुत्वाकर्षण अन्तर्गत दस टाउको संग, यो व्यावहारिक छैन
कुनै पनि टाउको गोलाकार स्थितिमा व्यवस्थित हुनुपर्छ
पाँच, केन्द्र र चार हेड असम्भव अनुपात
वाल्मीकिले चरित्र वर्णन गर्दा गल्ती गरे
नौ वा एघार टाउको संरचना राम्रो हुन्थ्यो
उनको पुष्पक विमान पनि हेलिकप्टर हुनुपर्छ
चराको नजिक जान सम्भव अध्याय होइन
पौराणिक कथाहरूमा धेरै वर्णनहरू सधैं वैज्ञानिक छैनन्
तैपनि हजारौं वर्षसम्म विश्वास गर्नु यसको सफलता हो।

60. ग्रामीण इलाका

उस्तै धान खेत किसान जोत्दै
नजिकैका सहयोगी श्रीमतीहरु मुस्कुराउँदै
उही आकाश र उस्तै उज्यालो घाम
सेतो क्रेनहरूको बगाल तिनीहरूको दौडको लागि पर्खिरहेको छ
हलो बन्द भएपछि क्रेन्सले माछा मार्ने पालो हो
तिनीहरूका पखेटाहरू, मध्य दिनको चर्को घामले जलाउन सक्दैन;
हरियो पातहरू भएका केराका रूखहरूले उस्तै हावा महसुस गर्छन्
पातहरूमा काग आफ्नो अंशको लागि सावधानीपूर्वक हेर्दै
नजिकैको झुपडीको शीर्षमा परेवा र भँगेरा दुर्लभ छैनन्
बाँच्नको लागि किसानको सङ्घर्ष संसारको जुनसुकै भागमा जस्तै छ
तर तिनीहरूको कथा र इतिहास सधैं अपरिचित रहन्छ
उनीहरुको मुटुको धड्कन, पसिना र रगतको प्रवाह सभ्यताको सुन हो ।

61. परीक्षण स्वचालन

हामी इजरायललाई उनीहरूको दृढ संकल्पको लागि सलाम गरौं
हरेक समस्याको लागि, तिनीहरूले राम्रो समाधान पाउन सक्छन्
यो एआई र परीक्षण स्वचालन को समय हो
तिनीहरूले पेजर सक्रियताको लागि स्वचालन प्रयोग गरे
अब आतंकवादी लुक्ने र हाइबरनेसनको लागि जानेछन्
स्वचालनलाई बलियो बनाउन थप परीक्षणहरू गरिनुपर्छ
सेल फोन र इयर बड, विश्वास गर्न गाह्रो हुनेछ
परम्परागत हतियारलाई एक दिन खिया लाग्नेछ
भविष्यमा सिलिकन डस्ट प्रयोग गरेर स्वचालन गरिनेछ
इजरायलीहरूले अनन्त पुस्तकबाट जम्मा गरेका सबै कुरा
अब कुनै पनि ठूला माछा इजरायलले सजिलै हुक गर्न सक्छ।

62. तपाईं औसत भन्दा माथि हुनुहुन्छ?

जीवनका हरेक काम वा गतिविधि केही समयपछि नीरस बन्छन्

कम बौद्धिक व्यक्तिहरूको लागि मात्र एउटै दोहोरिने काम ठीक छ

धेरै मानिसहरू पूरै जीवन वाइन परीक्षण गर्न खर्च गर्न मन पराउँदैनन्

हरेक बिहान एउटै काम दोहोर्‍याउँदा बोझ हुन सक्छ

यसलाई नयाँ क्षेत्रको लागि छोड्न, धेरैजसो मानिसहरूले अचानक निर्णय गर्छन्

यदि तपाईं बुद्धिमान हुनुहुन्छ र एक नवीन खुला दिमाग संग

तपाईंको जीवनमा आउने परिवर्तनहरूलाई स्वागत गर्न सधैं दयालु हुनुहोस्

अनिश्चित भविष्यको साथ सुरक्षा र अज्ञात भूभागसँग नडराउनुहोस्

कुमारी माटोमा मात्र राम्रो बाली हुन्छ, तपाईंले प्रकृतिमा देख्नु भएको होला

सुरक्षा र सुरक्षाको दृष्टान्तले धेरै ऊर्जावान जीवन बिगार्‍यो

उनीहरुको एउटै नवीनता मध्यम उमेरमा आफ्नी श्रीमतीलाई सन्तुष्ट पार्नको लागि रह्यो

कम्फर्ट जोन नीति सुस्त र कमजोर IQ भएका मानिसहरूका लागि राम्रो छ

यदि तपाईंलाई लाग्छ कि तपाईं ऊर्जाको साथ औसत भन्दा माथि हुनुहुन्छ, नयाँ बारबेक्यू प्रयास गर्नुहोस्।

63. वृद्ध मानिस र जवान केटा

जब तपाईलाई एक वृद्ध मानिस भनिन्छ निराश नहुनुहोस्

तपाईं भाग्यशाली हुनुहुन्छ कि तपाईंले आफ्नो यात्रा पूरा गर्नुभयो

समय राम्रो थियो, परिवेश र वातावरण राम्रो थियो

सडकमा अनैतिक प्रतिस्पर्धा र पागल भीड विरलै थियो

रिसाउनुको सट्टा, अगाडि खराब सडकहरूको लागि तिनीहरूलाई हाँस्नुहोस्

तपाईं समयको फरक डोमेनमा यात्रा पूरा गर्न भाग्यशाली हुनुहुन्छ

सेतो कपाल र बुढ्यौली छालाले रेलको गति सुस्ताएको अभिव्यक्ति हो

कुनै पनि पल यो सीटी बजाउनेछ र तपाईँलाई तल खसाल्न तपाइँको गन्तव्यमा रोकिनेछ

अन्तिम गन्तव्यमा पुग्नको आराम रोमाञ्चक छ

गन्तव्यमा पक्कै मुस्कान बोकेका पुराना साथीहरू पर्खिरहेका छन्।

64. तिनीहरूले गल्ती पछि गल्ती गरे

उनीहरुले अयुध्याको राम मन्दिर भत्काउने गल्ती गरे

जिज्या नामको कर लगाएर गल्ती भयो

तिनीहरूले हाम्रो प्यारो देश टुक्र्याउने गल्ती गरे

उनीहरूले नालंदा विश्वविद्यालय जलाएर गल्ती गरे

जबर्जस्ती धर्म परिवर्तन गर्नु उनीहरुको मनोवृत्ति र वंशाणु हो

स्वतन्त्रता पछि पनि प्रयोग गर्ने प्रवृत्ति रोकिएको छैन

तर साबरमती एक्सप्रेस जलाउने उनको गल्ती असफल भयो

त्यसको परिणाम गुजरातमा साम्प्रदायिक दंगा भड्कियो

शक्तिको राजनीति सधैंको लागि राम्रोको लागि सही परिवर्तन भएको छ

एक विशेष धार्मिक समूहको एकाधिकारले नालन्दको एउटै बाटो देख्यो

धर्मको नाममा गरिबलाई लुट्ने काम अहिले टेराकोटा जस्तै भइरहेका छन् ।

65. भगवानलाई धन्यवाद

भगवानलाई धन्यवाद, अहिले सम्म एआई चेतना र भावना बिना छ

यसमा कुनै अहंकार, ईर्ष्या, भेदभाव वा आधारभूत सामान्य ज्ञान छैन

अझै पनि एआई डाटाबेस हेरफेर बाहेक केहि नयाँ कल्पना गर्न सक्दैन

यसको मेमोरीमा डेटाको क्रमपरिवर्तन र संयोजन मात्र हतियार हो

एक पटक एआईले चेतना र भावनाहरू प्राप्त गरेपछि, यो मानवताको लागि खतरा हुनेछ

अब तिनीहरू आफ्ना मालिकहरू, मानवको सेवा गर्न मात्र दासको रूपमा रहने छैनन्

पुरुषको आचरणको लागि आफ्नै कानून, नियम र नियम लागू गर्नेछ

एआई विकास प्रक्रिया बाहिर मानव द्वारा बनाईएको पहिलो प्रजाति हुनेछ

यो विकास र होमो सेपियन्स को उच्चतम सफलता हुन सक्छ

सफलताको परिणाम मानवता फेरि अन्धकार युगमा फर्किनेछ।

66. मेरो शुक्राणु, मेरो प्रेरक

यो संसार हेरेपछि मेरो कुनै प्रतिस्पर्धी छैन

एक्लो मानिसको दौड म एक्लै रमाइलो र खुलासा

मेरा लाखौं प्रतियोगीहरू लक्ष्यमा पुग्न सकेनन्

जीवनको सबैभन्दा कठिन प्रतिस्पर्धा सबैले बिर्सन्छन्

म लगायत कसैलाई पनि उनीहरुको नियति थाहा पाउन हिचकिचाइएको छैन

किनभने तिनीहरू हारे र लक्ष्यमा पुग्न सकेनन्

विजयी शुक्रकीट म हुँ, जसले जीवनको सुरुवात विजयबाट गरेको थियो

त्यसैले, मेरो शुक्राणु मेरो उत्कृष्ट प्रेरणा र गौरवपूर्ण कथा हो

जब म उज्यालो देख्नु अघि लाखौंलाई हराउन सक्छु

सजिलो लडाईमा म परिपक्वतामा जो कोहीलाई नकआउट गर्न सक्छु

मलाई थाहा छ, म पहिलो रन जित्न सक्छु, किनभने मेरो DND सही थियो

मेरो शुक्राणु बोकेको जानकारी उत्कृष्ट र उज्यालो थियो

अब म मेरो सबै छिमेकी चंगा माथि उड्दै छु।

67. कसैले तपाईंको बेपत्ता पार्नेछैन

तिम्रो मृत्यु पछि, सूर्य, चन्द्र र ताराहरू सामान्य रूपमा उदाउँनेछन्
इलाकामा तपाईको अनुपस्थिति धेरै आकस्मिक हुनेछ
व्यक्ति बेपत्ता हुँदा कसैले चिन्ता गर्दैन
आठ अर्बमा तिमी को हौ, कसैलाई थाहा छैन
एक राम्रो बिहान तिमी शीतको सानो थोपा जस्तै हराए
जब कसैले तिम्रो अस्तित्व वा बेपत्ताको चिन्ता गर्दैन
जब तपाईको जीवन अनिश्चित हुन्छ र निरन्तरता बिना
आफ्नो धन किन राख्नुहुन्छ, धेरै प्रतिरोध गर्नुहुन्छ
समयले कसैको कुरा सुन्दैन
शवयात्रा हेरेर कोही भन्छन्, एउटा गयो
आज आफ्नो सबैभन्दा सुन्दर बनाउन बुद्धिमान र तर्कसंगत हुनुहोस्
एक पेग पिएर हर्षित बन्ने अन्तिम रात बाँच्नुहोस्।

68. एक्लै म सानो फ्राइ हुँ

उज्यालोको खोजीमा हाम्रो यात्रा अजेय होस्

एक्लै म सानो मान्छे हुँ, तर सँगै हामी टोली हौं

हामी ठूला बाँधहरू बनाउन सक्छौं र नदीको प्रवाह परिवर्तन गर्न सक्छौं

राजमार्गका लागि पहाडमुनि सुरुङ निर्माण गर्नु सानो काम हो

तर म एक्लैले रामायण जस्तो हिमाल उठाउन सक्दिन

तर सँगै एउटा नयाँ संसार हामी सजिलै बनाउन सक्छौं

हाम्रो प्रयासले आदमको पुल निर्माण गर्ने बाँदरहरूलाई मन पराउनुपर्छ

आत्म-गौरव र गर्वले मात्र मलाई विपत्तिमा धकेल्न सक्छ

एक्लो मानिसको रूपमा, ढिलो होस् वा पछि समयले मलाई रिटायर गर्न बाध्य पार्नेछ

तर हामीले विकास गरेको टोलीले विजय हासिल गर्न चमत्कार गर्नेछ।

69. समय थियो, छ, कहिल्यै खराब हुनेछैन

समय कहिल्यै कठिन, असभ्य, अस्थिर वा कठिन थिएन

यो हाम्रा पुर्खाहरूको पालामा जस्तै सामान्य थियो

तर पनि घाम उदाए पनि दिनमा समय नराम्रो हुन्छ भन्ने लाग्यो

रातको समयमा, मैले सडक धेरै चिप्लो र पाइलाहरू अदृश्य भएको बताए

गल्ती मेरै हो कि मैले बोकेको टर्च बाल्न बिर्सें

जीवनको अन्त्यमा, मैले महसुस गरें कि समय न खराब छ न राम्रो

दिन र रातमा समय खराब छ भन्ने मनको धारणा थियो

वर्षाको दिनमा पनि छाता लिएर चाँडो हिँड्न सक्थें

पूर्णिमाको चन्द्रमाको समयमा, म माइलको यात्रा गर्न सक्थे

तर समयलाई सबै कुराको दोष दिँदै मैले गति भनेको समय हो भन्ने बिर्सिएँ

आजको नराम्रो सोच्ने गल्तीले धेरैको उज्यालो जीवन बर्बाद गर्यो।

70. मलाई यो बाटो कसैले जबरजस्ती गरेको छैन

मलाई जटिल आधुनिक जीवनको लागि कसैले बाध्य पारेन

हो, त्यहाँ साथीहरूको दबाब र सामाजिक धक्का थियो

तर साधारण जीवन रोज्नु मेरो आफ्नै रोजाइ थियो

सादा जीवनको बाटो लिन सक्थेँ

सफलता र महिमाको लागि मुसाको दौडमा सामेल नगरी

मेरो जीवन सादगीमा हुने थियो, तर म फरक तरिकाले रोज्छु

र जीवन मेरो रोजेको बाटो र यात्रा कार्यक्रम अनुसार अघि बढ्यो

मलाई थाहा छ, साधारण जीवनमा पनि तनाव हुन्थ्यो

साथीहरूको चम्किलो जीवनको बारेमा बारम्बार म उल्लेख गर्थें

कुनै पनि तरिकाले मानव जीवनको समाधानको लागि राम्रो र सजिलो बाटो छैन

अज्ञानता आनन्द हो तर स्मार्ट फोनको युगमा अज्ञानता असम्भव छ

आधा अज्ञान आधा ज्ञान जस्तै खतरनाक हुन सक्छ

जीवनको अन्त्य गर्नु पर्छ, जसरी हामीले सफलता र प्रगतिलाई बुझेका छौं।

71. Jigsaw Puzzle मा फिट गर्नुहोस्

यस संसारमा सबैको आ-आफ्नै स्वार्थ र एजेन्डा छन्

यदि तपाइँ यसलाई जिगस पजलको टुक्रा जस्तै ठीक गर्न सक्नुहुन्छ भने, तपाइँलाई स्वागत छ

होइन भने भीडमा रुखबाट खसेको सुख्खा पात हौ

कसैले तिमीलाई सताउने छैन, र खुट्टामुनि कुचिनेछ

तपाईंको आफ्नै परिवारले पनि तपाईंको दुःखको वास्ता गर्दैनन्

या त तपाईं जिगस पजलहरूमा फिट हुन आफैलाई आकार दिनुहुन्छ

वा समस्याहरूको सामना गर्न पर्याप्त साहस र बल प्राप्त गर्नुहोस्

बाँच्नको लागि र अगाडि बढ्नको लागि कुनै बिचमा छैन

तिमी मुर्खको प्रमोदवनमा बाँचिरहेका छौ, यदि कसैले इनाम दिनेछ भन्ने सोच्नुहुन्छ भने

यस संसारमा, तपाईंले प्रशंसा र पुरस्कारको लागि पनि तिर्नुपर्छ।

72. दुखाइको अभिव्यक्ति

कविताका शब्दहरू हृदयबाट आउँछन्
आन्तरिक असीम पीडाको अभिव्यक्तिको रूपमा
बाहिर निस्केर सबैलाई मिलाएर कविता बने
बारम्बार सानो भूकम्पले प्रकोपबाट जोगाउँछ
तर कहिलेकाहीँ शब्दहरू बाहिर ननिस्किएर रोकिन्छन्
आँखाबाट आँसु झैं फरक बाटो लाग्छ
तर शब्द वा आँसुको वास्तविक स्रोत एउटै हो
केवल भिन्न अभिव्यक्ति खेल हो
अन्त्यमा सबै खरानी बन्छ
र मनको पीडा सदाको लागि स्पष्ट हुनेछ।

73. आज समय हो

कहिलेकाहीँ हामी एकअर्कालाई देख्छौं र बेवास्ता गर्छौं

कहिलेकाहीँ हामी शुभ प्रभात भन्दै अभिवादन गर्छौं

कहिलेकाहीँ हामी एकअर्कालाई मुस्कानले मात्र हेर्छौं

हामी एक मिनेटको लागि कुरा गर्न धेरै व्यस्त थियौं

तिम्रो नाम के हो भनेर कसैले सोध्ने प्रयास गरेनन्

कफी पिउनु र च्याट गर्नु टाढाको सपना थियो

हामी दैनिक दिनचर्यामा धेरै व्यस्त छौं राम्रो प्रदर्शन गर्न

अन्य चीजहरू वा भिन्नताहरू कहिल्यै फरक पर्दैन

कुनै स्मार्टफोन वा सोशल मिडिया उपलब्ध थिएन

हाम्रो बिछोड सरल थियो, नजर बाहिर दिमाग बाहिर

अब एक कप कफी सँगै खानु मैले भेट्टाउन सक्दिन

समयलाई पैसा हो भन्ने विश्वास गरेर, समयले कसैलाई पर्खदैन भन्ने कुरा हामीले गुमायौं

आज समय हो र सँगै कफी पिउने प्रयास गर्नुहोस्

जब तपाईंसँग प्रशस्त समय हुन्छ, तपाईंले उसलाई सधैंभरि भीडमा हराउनुभयो।

74. अनौठो प्रेम

साँच्चै अनौठो प्रेमको भावना र यसको अन्त्य
प्रेम पहिलो नजरबाट सुरु भएर मृत्युमा अन्त्य हुन सक्छ
कहिलेकाहीँ यो व्यवस्थित विवाहको सेक्स पछि सुरु हुन सक्छ
धेरै अवस्थामा प्रेम वर्षौंको पछि लागेपछि आउँछ
र कहिलेकाहीँ यो दुर्घटनाको कारणले प्रज्वलित हुन्छ
अनौठो जिन्दगी, मायाको अन्त्य पनि उस्तै अनौठो छ
चालीस वर्ष सँगै बसेपछि बिछोड हुन्छ
बीचमा विभाजनहरू साधारण कारणहरूको लागि धेरै सामान्य छन्
बिहेको भोलिपल्ट बिछोड हुनु सामान्य कुरा होइन
विवाहको अनिश्चितता धेरै अनिश्चित छ
प्रेमको लक्ष्य पनि अनिश्चित छ, कसैलाई थाहा छैन
यौन, सन्तान, साथी, पैसाको लोभ, झगडा गर्ने साथी
कारण फरक हुन सक्छ तर हाम्रो अस्तित्वको लागि माया सधैंभरि छ।

75. प्राकृतिक न्याय

प्राकृतिक न्याय विकासमा गलत नाम हो
विकासमा, प्राकृतिक न्याय समाधान होइन
यसले प्रकृतिको नियम र नियमलाई मात्र कमजोर बनाउँछ
प्राकृतिक न्यायको अवधारणा काल्पनिक छ
मानव दिमाग मात्र भर्चुअल लाभार्थी हो
यस वृत्तचित्रसँग प्रकृतिको कुनै सरोकार छैन
कमजोर दिमागहरू प्राकृतिक न्याय मिथक संग मूर्ख छन्
प्रकृतिमा हुक वा कुकुरद्वारा बाँच्नु मात्र सही हो
प्रकृतिले मृतकलाई आफ्नै प्रक्रियाबाट विघटन गर्छ
जो बाँचेका छन् सफलताको आनन्द लिन जीवित रहन्छन्।

76. प्रकृति मेला हो

प्रकृति न त अन्याय हो न न्यायोचित
यो कानून र नियम हो यो साझा मात्र हो
चमत्कार प्रकृति धेरै दुर्लभ छ
फिटेस्टको लागि, प्रकृतिले ख्याल राख्छ
सँधै त्यहाँ उत्कृष्टको चयन
विनाशकारी बाढी प्रकृतिको प्यारी होइन
प्रकृतिको नियम, प्रकृतिले मात्र बोक्छ
सहरको विनाश मात्र परिणाम हो
सभ्यताहरू प्रकृतिले बनाउँदैनन्
त्यसैले मानिसले भविष्यको ख्याल गर्नुपर्छ
प्रजातिहरू बाँच्नको लागि प्रकृतिलाई कुनै चिन्ता छैन
आफ्नै अस्तित्वको लागि, प्रजातिहरूले प्रयास गर्नुपर्छ।

77. जीवन एक पचास पचास खेल हो

परमेश्वरको अस्तित्व हामीलाई थाहा छैन

मौका पचास-पचास संग यो चमक हुन सक्छ

ब्रह्माण्ड अनन्त छ कोही पनि विश्वस्त छैन

पचास-पचास को मौका उत्तर प्रासंगिक छ

आत्माहरूको अस्तित्व कुनै पुष्टि उत्तर छैन

पचास-पचासको सम्भावना हामीले साझा गर्नुपर्छ

तिमी सय वर्ष बाँच्ने निश्चित छैन

पचास-पचास चाँडै तपाईंको पर्दा खस्ने मौका हो

मृत्युसम्म चरम शिखरमा रहन्छन् भन्ने कसैलाई पक्का छैन

याद गर्नुहोस्, पचास-पचास भनेको सम्पत्ति राख्ने सम्भावना हो

जीवन पचास प्रतिशत अधिकतम सम्भावनाको खेल हो

अन्य पचास प्रतिशत सधैं वर्तमान अन्तर्गत रहन्छ।

78. यदि तपाई सोच्नुहुन्छ कि तपाई अमर हुनुहुन्छ, तपाई सहि हुनुहुन्छ

यदि तपाईं अमर हुनुहुन्छ भन्ने सोच्नुहुन्छ भने, तपाईं सही हुनुहुन्छ

यदि तपाईलाई मरणशील ठान्नुहुन्छ भने, तपाईको आज उज्यालो छ

तर अमर बन्न लड्नु पर्छ

अमरताको बाटो कठिन र कसिलो छ

यद्यपि, मृत्युको बाटो धेरै हल्का छ

छनौट तपाईको हो, तपाई कसरी बाँच्न चाहनुहुन्छ

यदि तपाईं अमर हुनुहुन्छ भने, तपाईंले केही दिन आवश्यक छैन

अनिश्चित भविष्यको लागि तपाईलाई थप र अधिक चाहिन्छ

तर मरणशील मानिसहरूको लागि धन जम्मा गर्ने लोभ दुर्लभ छ

तिनीहरूको खाना र आवास पनि तिनीहरूले साझा गर्न सक्छन्

म सधैं अन्य जीवित प्राणीहरू जस्तै नश्वर बन्न रुचाउँछु

लोभी र अमर बन्न, म केही गर्दिन।

79. रिलेक्स र कल्पना गर्नुहोस्

कहिलेकाहीँ आलस्यमा समय बिताउनु पनि रमाइलो हुन्छ

जब तपाईंसँग प्रशस्त समय हुन्छ, केही समय आरामको आनन्द लिनुहोस्

मिनेटहरू घण्टामा र घण्टाहरू दिनहरूमा बिस्तारै समाप्त हुनेछन्

केहि दिन पछि साहसपूर्वक नयाँ उद्यम वा गतिविधि सुरु गर्नुहोस्

यस पटक, तपाईले देख्नुहुनेछ कि समय सहज र छिटो बितिरहेको छ

उमेर पुगेपछि समय बिताउनुको कुनै अर्थ रहँदैन

राम्रो तरिकाले र आरामसँग समय बिताउनु भनेको हिँड्नु हो

समय पचास वर्ष अघिको गतिमा अघि बढ्छ

तर केहि सिर्जना नगरी, समय सधैं ढिलो हुन्छ

नयाँ सिर्जना गर्न ज्ञान भन्दा कल्पना महत्त्वपूर्ण छ

आलस्य र आराममा पनि, विचारहरू सिर्जना गर्नुहोस् र केही नोट गर्नुहोस्।

80. हामी किन बाँचेका छौं

सभ्यताहरू अश्वशक्तिको कारणले होइन

सभ्यता अग्लो टावरको कारणले होइन

सभ्यताहरू तरवारले होइन बाँचे

सचेत शब्दले गर्दा सभ्यताहरू बाँचे

राम्रो बुद्धिबिना मानिसहरु जनावरहरु जस्तै हुन्छन्

मानिस आफ्नो चेतनाको कारणले उच्च छ

चेतनाले हामीलाई दयाको बारेमा सोच्न दियो

घृणा, ईर्ष्या, क्रोध, प्रेम पशु राज्यमा अवस्थित छ

उत्कृष्टता र पूर्णताको लागि प्रयास गर्नु मानव बुद्धि हो

कल्पना, नवीनता र बुद्धि चालक शक्तिहरू हुन्

अरूको लागि बाँच्नु र बलिदान गर्नु सभ्यताको पाठ्यक्रमको अंश हो।

81. के तपाईलाई 60 मा आफ्नो शक्ति थाहा छ?

मलाई मेरो बलहरू थाहा छ, मलाई मेरो कमजोरीहरू थाहा छ

म आर्थिक वातावरणबाट अवसरहरू सिक्छु

म सामाजिक र प्राविधिक विकासबाट खतराहरू अनुमान गर्छु

यदि तपाईलाई आफ्नो शक्ति ६० वर्षको उमेरमा पनि थाहा छैन भने, तपाई बर्बाद हुनुहुन्छ

आफ्नो राम्रो आधा संग तपाईं घर सफाई झाडु मा व्यस्त हुनुहुन्छ

कामदार अनुपस्थित हुँदा भाँडाकुँडा सफा गर्नु रमाइलो नहुन सक्छ

तर मनमोहक हँसिलो अनुहार हेर्नको लागि तपाईंले यो गर्नुपर्छ

तपाईको कमजोरीले तपाईलाई भान्सामा तरकारी काट्न बाध्य बनायो

तपाईंका सबै अवसरहरू अब ग्रहण र लुकेका छन्

झाडू, चक्कु, बर्नर र प्रेसर कुकरले धम्की फराकिलो हुन्छ।

82. सजिलो र कठिन

यौन आनन्द र सजिलो छ

प्रसूति दुखाइ धेरै कडा छ

सुन्न सजिलो छ, काम गर्न गाह्रो छ

सजिलो चीजहरूले जीवनलाई सधैं कठिन बनाउँछ

पैसा खर्च गर्न सजिलो छ

एक पैसा कमाउन गाह्रो छ

सजिलो काम मात्र गर्यो भने समय हाँस्नेछ

हामी सहज चीजहरूमा सजिलै आकर्षित हुन्छौं

किनकि यसले क्षणिक आनन्द दिन्छ

तर हामी तनाव हाम्रो जीवनको तार गुमाउँछौं

कहिलेकाहीँ समर्पणका साथ कठिन कामहरू गर्नुहोस्

जीवनमा यसले तपाईंलाई सफलता र उज्यालो गन्तव्य देखाउनेछ।

83. जब हामी बच्चा थियौं

जब हामी बच्चा थियौं, साबुनको बुलबुले फुट्दा हामी कहिल्यै रोएनौं

तर हाम्रो सुन्दर बेलुन अचानक फुट्दा हामी रोयौं

बेलुनको दीर्घायुमा, हामीलाई थोरै विश्वास वा भरोसा थियो

यद्यपि हामीलाई थाहा थियो कि दुई दिन पछि यसले यसको हावा र खिया गुमाउनेछ

हाम्रो जिवनमा पनि यस्तै छ, नब्बे वर्षमा मरे भने कोहि रोउदैन

३० वर्षको उमेरमा अचानक कोही मरेपछि धेरै रुवावासी

मानिसहरूलाई थाहा छ कि बच्चाहरूले बुलबुलाको बारेमा थाहा पाएझैं मानिस मर्छ

त्यसोभए, जब एक वृद्ध व्यक्तिको मृत्यु भयो, धेरैजसो मानिसहरूको लागि कुनै समस्या छैन

बेलुन फुटेझैं एकजना युवाको अचानक मृत्यु हुनु पीडादायी छ

युवाको लागि रोएर, एक भावनात्मक कार्य र अर्थपूर्ण सोच्दछ

थाहा भए पनि एक दिन जवान बुढो भएर मर्नेछन्

तैपनि जवान मानिसको मृत्यु हुँदा धेरै मानिसहरू शोक र रुने गर्थे।

84. शान्तिको गर्जन

उनीहरुले आफ्नो धर्म शान्ति र भाइचाराको धर्म भएको बताए

तर शक्तिका तरवार र बर्बर सेनाले धर्म फैलियो

शान्तिको लागि कुनै पनि असहमति वा विचारको भिन्नतालाई अनुमति छैन

मानवअधिकार, शान्ति र प्राकृतिक न्यायलाई पछाडि बर्नरमा राखियो

अविश्वासीको रगतको लागि मृत्युदण्ड धेरै सामान्य छ

तिनीहरूका लागि शान्तिपूर्ण सहअस्तित्व विरलै प्रयोग गरिएको बयानबाजी मात्र हो

जब तिनीहरू बहुमतको अंकमा पुग्छन्, यो उनीहरूको जग्गा हो

प्रजातन्त्र पनि आकस्मिक रूपमा सभ्य भएको देखाउन आउँछ

तर गैर-विश्वासीहरूलाई घृणा, धम्की र हत्या गर्नु तिनीहरूको बुद्धि हो

सहिष्णु मानिसहरूले सद्भावको लागि शताब्दीयौंसम्म सहन गर्छन्

तर संसारमा जताततै, मानिसहरूले क्रूर हत्या सिम्फनी देखे

अरूलाई हावी गर्ने प्रयासमा, तिनीहरू अहिले गरिब छन्

त्यसैले अब विकासशील देशमा गएर ढोका ढकढक्याउन चाहन्छ

शान्ति र भ्रातृत्वको नाममा युरोपले गल्ती गरिरहेको छ

एशियाले पहिले नै शान्तिपूर्ण गर्जनको विनाशको सामना गरिसकेको थियो।

85. अझै पनि एक विभाजनकारी शक्ति

धर्म अझै पनि विभाजनकारी शक्ति हो
एकजुट हुनुको सट्टा जनतालाई विभाजित गर्ने
विज्ञानको पूर्ण विपरीत
विज्ञान प्रविधिको माध्यमबाट एकजुट हुँदैछ
जनताले चाँडै फाइदा लिन्छन्
तैपनि तिनीहरू दृढतापूर्वक विभाजनकारी शक्तिहरूसँग छन्
प्रविधि सधैं राम्रो भोलिको लागि हो
तर धर्मको अफिमले हामीलाई निरन्तर दुःख दिइरहेको छ
मध्ययुगीन लेखनको औचित्य प्रमाणित गर्न, तिनीहरूले विज्ञानबाट उधारो लिन्छन्
धर्म भनेको घरको भँगेरा जस्तै हो
नक्कली शिक्षाको औचित्य प्रमाणित गर्न, तिनीहरूले प्रविधिबाट ऋण लिन्छन्
प्रारम्भिक धर्मका राम्रा कुराहरू अहिले गाडिएका छन्
केवल घृणा र लडाइँको अन्धविश्वासले मानिसहरूलाई बोकेको छ
चाँदीको अस्तर मात्र विज्ञान र प्रविधिको प्रभाव हो
एक दिन धर्म वैज्ञानिक संगममा मिसिन बाध्य हुनेछ।

86. सपना

राति सुतेको बेला देख्ने हरेक सपना भ्रम हो
हामी निद्रामा किन सपना देख्छौं, विज्ञानसँग कुनै समाधान छैन
मानिसको जीवनमा सपना भनेको तस्विरमा तस्बिर हो, किनकि जीवन क्षणिक हुन्छ
फरक–फरक सपना फरक–फरक गतिमा चल्छन्
सपनामा, सबै कुरा सम्भव छ किनकि यो वास्तविकता होइन
तर सपनाहरू जीवनको निर्देशिकाको अभिन्न अंग हुन्
हाम्रो दिनको कल्पनालाई पनि हामी सपना भन्छौं
सपनाहरू पछ्याउँदा जीवनले लडाइँमा प्रेरणा पाउँछ
भ्रम भएर पनि बिना कारण सपना राम्रो वा नराम्रो हुन्छ
कसरी वास्तविक जीवनमा सबै कुरा राम्रो हुन सक्छ, र कथा समाप्त हुन्छ
वास्तविकता पनि भ्रम मात्र हुन सक्छ किनकी यो समय द्वारा बाधा छ
भ्रम र वास्तविकताको संयोजनले सुन्दर र राम्रो बनाउँछ।

87. यात्राको समयमा सबैलाई बेवास्ता गर्नुहोस्

तपाईं प्रशंसा, राम्रो, तपाईं उदासीन राम्रो, तपाईं आलोचना, सबै भन्दा राम्रो

तपाईंका प्रतिक्रियाहरू लामो समयको लागि अवास्तविक छन्, जबसम्म म हिड्न रोक्दैन

तैपनि राम्रो गर्न र सुधार गर्न को लागी तपाईको राय मेरो लागि महत्त्वपूर्ण छ

प्रशंसाले उत्प्रेरित हुन सक्छ तर आलोचनाले माकुराको जाल सफा गर्न देखाउँछ

उदासीनहरू जीवनको पीडा र संघर्षमा व्यस्त हुन्छन्

यो महत्त्वपूर्ण छ कि तिनीहरूलाई हेर्न र अरूको पत्नीलाई जस्तै पास गर्न

आफ्नो बुद्धि र कामले आफ्नो जीवन बनाउनु पर्छ वा तोड्नु पर्छ

सफलता र महिमा बिना, कोही पनि तपाईंको बगालमा सामेल हुन आउँदैन

त्यसोभए, शोरलाई बेवास्ता गर्दै अगाडि बढ्नुहोस् र दर्शकहरूद्वारा अनौठो

यदि तपाईंले अगाडि, पछाडि, बायाँ र दायाँ ध्यान दिनुहुन्न भने, तपाईं स्मार्ट हुनुहुन्छ।

८८. मेरो सबैभन्दा राम्रो साथी

उसले मेरो खुट्टा ताने; मलाई लाग्यो कि ऊ मेरो सहयोगमा खडा हुन चाहन्छ

पछाडि छुरा प्रहार गर्न खोज्दा उसले मेरो ढाडमा चोट पुर्यायो

मलाई लाग्यो ऊ कच्चा बाटोमा चिप्लियो र ममाथि खस्यो

उसले मेरो राम्रो आधालाई दुर्व्यवहार गर्यो; मलाई लाग्यो कि उसले उनको निष्ठा परीक्षण गर्न खोज्यो

उसले मबाट लिएको पैसा फिर्ता गरिन

मैले सोचें, उहाँ आर्थिक समस्याबाट पीडित हुनुहुन्छ, र मैले पर्खनुपर्छ

उसले मेरो बारेमा झूटा अफवाह फैलायो र मलाई लाग्यो कि उसले मजाक गरिरहेको थियो

उसले मेरो चरित्र हत्या गर्यो, र मैले सोचे कि कसैले उक्साएको हो

तर जब उसले मेरो सबैभन्दा प्यारो प्यारो साथीलाई मार्न खोज्यो, मैले उसलाई गोली हानें।

89. जीवन कठिन छ

जीवन संघर्ष र कठिन छ
त्यसोभए, नरम होइन चिकनी छनौट गर्नुहोस्
दुःख र पीडाले भरिएको भए जीवन
त्यसोभए, प्राप्त गर्नको लागि खुसीसाथ काम गर्नुहोस्
जीवन झगडा र क्रोधले भरिएको छ
त्यसैले गल्ती नगर्ने, सहनशील बनौं
जीवन भोक र रोगले भरिएको छ
त्यसैले, खाना खेती गर्नुहोस् र व्यायाम गर्नुहोस्
जीवन ईर्ष्या र भेदभावले भरिएको छ
त्यसैले, आँखा बन्द गर्नुहोस् र संचार गर्नुहोस्
जीवन अज्ञानता र गल्तीले भरिएको छ
त्यसैले परिवर्तनलाई आत्मसात गर्न ज्ञान प्राप्त गर्नुहोस्
जीवन भूत, वर्तमान र भविष्यको संयोजन हो
तर भूत र भविष्यको लागि, तपाईंको वर्तमान कहिल्यै पञ्चर हुँदैन।

90. भारतीय हजुरबा हजुरआमा

यदि तपाईं भारतीय हजुरआमा हुनुहुन्छ भने
तपाईं एक वास्तविक दाई पनि हुनुहुन्छ
जब तपाईं एक भारतीय हजुरबुबा हुनुहुन्छ
तपाईलाई वास्तविक कथाकार मानिन्छ
छोराछोरीको पालनपोषण गर्नु हजुरआमाको कर्तव्य हो
किनभने तिनीहरूका बच्चाहरूको यो महत्त्वपूर्ण आवश्यकता हो
हजुरबुवाले गरिब जीवनमा पैसा जोगाउनु पर्छ
नत्र उसको लागि आफ्नै सन्तानले ढोका बन्द गर्नेछन्
दाइजो र पारिवारिक बन्धनको विरासत धेरै कठिन छ
कहिलेकाहीँ गरिब हजुरबुबाको लागि यो नराम्रो हुन्छ
परिवारसँग बस्नका लागि मानिसहरूले स्वतन्त्रताको बलिदान गर्छन्
तर धेरै वृद्धहरूले पीडा र पीडा बेवास्ता गर्छन्।

91. मानिसहरूलाई मूर्ख बनाउन सजिलो छ

द्वन्द्वको चक्र पुरानै स्थितिमा आउँदैछ
संसारमा असहिष्णुता र युद्धको कुनै समाधान छैन
बुद्ध धर्मले सफलता बिना शान्ति ल्याउने प्रयास गर्यो
अब उनीहरूको अहिंसाको टोकरीमा केही छैन
धर्मयुद्ध, विश्व युद्ध र कमजोरहरूको आक्रमण सामान्य छ
युद्ध र हिंसा नै वास्तविक राक्षस हो
शान्तिपूर्ण सहअस्तित्वलाई मूर्खतापूर्ण कारणले खतरामा पारेको छ
देशद्रोहका लागि हजारौं मानिसहरू मारिए र यातना दिइयो
शासकहरू आउँछन् र शासकहरू आफ्नो निहित स्वार्थ लिएर जान्छन्
संसारमा आम जनता र जनतालाई मुर्ख बनाउन सजिलो छ।

92. उत्सव मनाऔं

सँगै सुरु भएको वर्ष मनाऔं
लामो समयको लागि, सबैलाई सम्झना हुनेछ
अब कुखुराको दुई टुक्रा पर्याप्त छ
माटन र सुँगुरको मासु खान धेरै गाह्रो छ
अधिकांशको लागि रक्सीले शरीरलाई नराम्रो बनाउँछ
सबैभन्दा महत्त्वपूर्ण, हामी सँगै हाँस्नेछौं
सन् २०२५ अबको केही महिनामै जानेछ
आगामी वर्ष सबैका लागि उज्यालो नहुन सक्छ
दबाब र मधुमेहले हामी मध्ये कसैलाई लड्न बाध्य पार्न सक्छ
भेटघाटहरू जीवनलाई उज्यालो बनाउने क्षण हुन्
मैत्रीपूर्ण खेलका लागि पचासभन्दा बढी युवा सिनियरहरू मैदानमा उत्रिनेछन्
हामीले उन्नाइस चौरासीजस्तै जयजयकार गर्नुपर्छ, हाम्रो आत्मा उस्तै छ।

93. जीवन छोटो छ, आज छोटो छ

जीवन असीमित रूपमा लामो हुँदैन न त बुढ्यौलीमा यो शारीरिक रूपमा बलियो हुन्छ

यो राम्रो छ यदि तपाईं आफ्नो सपना परियोजना सकेसम्म चाँडो सुरु गर्नुहोस्

मिडलाइफपछि सुरु गरे पनि पूरा गर्न असम्भव हुन्छ

यदि तपाइँ चाँडै सुरु गर्नुहुन्छ भने, तपाइँसँग सबै अप्रत्याशित समस्याहरू समाधान गर्न समय छ

तपाईं आफ्नो लोगो र प्रतीकहरू पनि धेरै पटक परिमार्जन र पोलिश गर्न सक्नुहुन्छ

सोच्ने समय खाली छ र ढिलाइको बारेमा चिन्ता लिनु मूर्खता हो

सेयर बजार र कमोडिटी बजार सधैं बुलिश हुँदैन

यदि तपाईंले आफ्नो स्याउ पाकेको बेलामा टिप्नुभएन भने

केहि समय पछि, तिनीहरू आफै झर्न थाल्छन्, सड्न थाल्छन्

आज र अहिले नयाँ कुरा र नयाँ सुरुवातको लागि समय हो।

94. सबैले मूल्य तिर्नेछ

न म गुलाब हुँ न काँडा हुँ

न म पुतली हुँ, न म मौरी हुँ

न म कछुवा हुँ, न म घोडा हुँ

न म चील हुँ न गोही

म दुई खुट्टा भएको अद्वितीय प्राणी हुँ

न त उड्न सक्छ, न त पौडी नै

चार खुट्टाको जनावर छिटो चल्न सक्दैन

तर म सोच्न सक्छु, नयाँ बनाउन सक्छु र चीजहरू अझ राम्रो गर्न सक्छु

मेरो कर्ममा, सबै जीवित प्राणीहरूको भविष्य झुण्डिएको छ

तर पनि म आफ्नो लोभले गर्दा लापरवाह छु

म आवश्यकता बिना रूख र जनावरहरूको बासस्थान नष्ट गर्छु

एक दिन मेरो लापरवाह गतिविधिले विनाशको दिन ल्याउनेछ

कसैसँग भन्नको लागि कुनै अभिनव समाधान हुनेछैन

मेरो गल्तीको लागि, मूल्य, हरेक जीवित प्राणीले तिर्नेछ।

95. चित्रांगदा, रानी मात्र होइन

मणिपुरकी चित्रांगदा, रानी मात्र होइन
उनी नारीत्व, नारीत्वको प्रतीक थिइन्
उनी मातृत्व र बच्चाहरूको पालनपोषणको प्रतिनिधित्व गर्छिन्
चित्रांगदा लैङ्गिक समानताको वास्तविक प्रतिनिधि हुन्
सौन्दर्य, मस्तिष्क र कौशल को एक उत्तम संयोजन
चित्रांगदा बिना महाभारत अधुरो छ
लैङ्गिक समानताको परम्परा अझै पनि मणिपुरको रगतमा बगिरहेको छ
तर समयको दुखद पालोले अब मणिपुरलाई अन्धकारमा धकेल्यो
चित्रांगदाको भूमिलाई अब मानवीय दयाको खाँचो छ
कसैलाई थाहा छैन, शान्ति र शान्ति कसरी फर्कन्छ
आशा मात्र हो चित्रांगदाको सुनौलो सम्झना
एक पटक भारतीय उपमहाद्वीपको इतिहास बदल्ने रानी।

लेखकको बारेमा

देवजित भुइँ

पेशाले विद्युतीय इन्जिनियर र हृदयबाट कवि **देवजित भुयान** कविता, गद्य अंग्रेजी र आफ्नो मातृभाषा असमियामा रचना गर्नमा दक्ष छन्। उहाँ इन्स्टिच्युट अफ इन्जिनियर्स (भारत), एडमिनिस्ट्रेटिभ स्टाफ कलेज अफ इन्डिया (ASCI) का फेलो र असम साहित्य सभा, चिया, गैंडा र बिहुको भूमि आसामको सर्वोच्च साहित्यिक संस्थाका आजीवन सदस्य हुनुहुन्छ। विगत २५ वर्षमा उनले ४५ भन्दा बढी भाषामा विभिन्न प्रकाशकहरूबाट प्रकाशित ८० भन्दा बढी पुस्तकहरू लेखेका छन्। सबै भाषाहरूमा उनका कुल प्रकाशित पुस्तकहरू 210 छन् र प्रत्येक वर्ष बढ्दै गएको छ। उनका लेखहरू माध्यमिक शिक्षा बोर्ड, असम अन्तर्गत असममा कक्षा X को पाठ्यपुस्तकको अंश हुन्। उनका प्रकाशित पुस्तकहरूमध्ये करिब ४० वटा असमिया कविताका पुस्तकहरू छन्, ३० वटा अंग्रेजी कविताका पुस्तकहरू छन् र ४ वटा बालबालिकाका लागि छन् र करिब १० वटा विभिन्न विषयमा छन्। देवजित भुइँको कविताले हाम्रो ग्रह पृथ्वीमा उपलब्ध र सूर्यमुनि देखिने सबै कुरालाई समेट्छ। उनले मानवदेखि जनावरदेखि तारादेखि आकाशगंगादेखि महासागरसम्म, वनदेखि मानवतादेखि युद्धदेखि प्रविधिसम्मका मेसिनसम्मका सबै उपलब्ध सामग्री र अमूर्त वस्तुसम्म कविता रचना गरेका छन्। उनलाई सन् २०२२ को असम पोएट्री फेस्टिभल र २०२३ को कोलकाता लिटररी कार्निवलमा कवि अफ द इयर अवार्ड दिइएको थियो। उनी भारतका एक मात्र कवि हुन्, जसले एकै दिनमा सबैभन्दा धेरै कविता पुस्तकहरू, 34 कविता पुस्तकहरू, एकल समारोहमा विमोचन गरे। एक दिनमा ६० कवितासहितको कविताको पुस्तक र रातमा अर्को कविताको पुस्तक लेख्ने उनी एक मात्र कवि हुन्। उहाँको बारेमा थप जान्न कृपया www.devajitbhuyan.com मा जानुहोस्।

www.ingramcontent.com/pod-product-compliance
Lightning Source LLC
LaVergne TN
LVHW041534070526
838199LV00046B/1660